啟動
幸福人生
的密碼

心靈成長教練

王兆鴻 博士著

阿爸父為你設計的精品人生

I am precious, honored and beloved!

In the spirit of Freedom, Healing, Delivery and Grace!

活出自我的人生價值

兆鴻的書《阿爸父為你設計的精品人生》，書名引人，從《聖經》看，人原是照著神的形象和樣式被創造的，精彩美好乃理所當然，但由於人的墮落，成為罪的奴僕，不得自由，才讓人生成為痛苦。

看兆鴻的人生，起始並不精彩，自小父母常吵架，身為老么，極度渴望父愛，然而父親後來卻自殺身亡。至此，人生何其缺憾?!幸有阿嬤的關愛照拂，他考上理想的高中，其後求學，承蒙他的乾爹Robert陳希聖老師和幾位明師正確觀念和態度的引導，如以下三點，讓他邁向自己的「精品人生」：

❶**設定目標**：Robert給他務必要讀大學的觀念，且要設定人生目標，特別是英文的學習，為出國留學作預備。

❷**要求完美**：大學安郁茜老師的影響，使他認真學習；留學英國遇到嚴師Ludmilla Jordanova，逼得他最高峰時一天讀四、五本書，成績更是突飛猛進。兆鴻對曾幫助過他的恩人明師，總是感恩，包括替他修改論文的Veronica女士，有感恩的心，也是兆鴻能夠順利完成學業的一個因素吧！

❸**抓住要點**：特別值得年輕人參考，如他考政治大學 MBA 研究所時，便知要抓住機會，先答先贏，以別於其他應試者所見略同的答案，讓兆鴻得如願以償考上。

2

另外，從以下三點看見兆鴻的人生體會——選擇最好。

❶從道教神明的乾爹走出，轉而靠真正的天父。傳統道教神明
（乩童）雖也有很多的神蹟奇事，但當兆鴻知道基督教的神
是我們的天父，《聖經》中最基本的真理就是愛——愛神和
愛人，且耶穌救恩更是白白的恩典，他就選擇了基督的信
仰。

❷**正視家庭如同珍寶**：兆鴻有兩個可愛的兒子，他以自己人生
的經驗，協助孩子們學習並兼顧事業上的發展；另外，擁有
感恩的心，兆鴻感謝妻子對他完全的相挺與幫助。

❸**事業的發展交託神**：無論補習班教英文，或創業初期的失
敗，都是學習。他又在 KS 集團的董事長協助下進入該公
司，不論前景如何，兆鴻最重要的學習是交託在主的手中。
至於能否成為牧師，或是公司的負責人，他知道都在天上阿
爸的手中。

兆鴻的「精品人生」，就是信靠天父的人生。無論遭遇任何
事，總能讓我們學到人生真實的價值，活出愛神和愛人的精彩生
活。

台北基督徒聚會

衣弘 牧師

一切皆是上帝最好的安排

認識兆鴻老師是在 2016 年的暑假，當時認識的兆鴻老師是一位企管博士，有二十年培訓經驗的老師，而我在美國的 KS 集團上櫃公司剛要成立台灣分公司，所以我大力邀請兆鴻老師擔任我的顧問，協助 KS 集團在台灣的發展與佈局。

時光荏苒，進入 2020 年第二季，KS 集團在前年陸續併購台灣以及香港近三十家連鎖餐廳，還有台灣新竹的靈芝啤酒廠與金門浯江高粱酒廠等。原本看似完美的佈局，因為經歷了香港反送中抗議近一年的期間，加上 2019 年底到 2020 年初的全世界肺炎病毒蔓延，目前僅存的幾家餐廳也受到外在環境極大的打擊。

這些經歷剛好證實了，兆鴻老師在《阿爸父為你設計的精品人生》這本書裡面要告訴我們的，若非耶和華建造的城池，勞力皆為枉然，所以我們應該要確實倚靠神。回首來時路，因為在商業上的勞心勞力四處奔波，無法每週確實參加主日來敬拜阿爸父，不過個人每日早晚總是誠心跟天父禱告，求天父開路，帶領 KS 集團，讓我完成人生七十後的最後一個夢想，實現國際金融版的五餅二魚理念，並在金門或更合適的地方，建立天國福音基地，包括神學院與音樂廳，建立屬神屬天的軍隊，為神服事。**一切都有天父的美意在其中！**

感謝主，兆鴻老師這位聖靈結的果子，在 KS 集團台灣的發展

過程中，給了我個人以及公司極大的幫助。2018 年底更在神的帶領下，兆鴻老師在我的連鎖餐廳當中，超過 200 人當場見證受洗。受洗之後，兆鴻老師非常渴慕《聖經》真理，所以當他跟我提到希望就讀神學院的時候，我十分欣喜地表示我可以贊助他念神學院的學費，為主的福音盡一點綿薄之力。

現在 KS 集團已經積極佈局越南連鎖飯店，於 2020 年下半年，將進入中國市場，啟動 AI 連鎖超商項目。我每天向天父禱告，求天父帶領我，給我屬天的智慧，我也在每次禱告中跟天父認罪悔改，因為我們都是人，人就不是完美的，我們有意無意會犯錯而不自知，所以第一步，就是要跟神認錯悔改。剩下的就是全心倚靠天父，因為「在人不能，在神凡事都能」，感謝主！這剛好跟我的台灣公司環視（凡是）又有諧音的巧合。

跟您大力推薦這本兆鴻老師跟天父跪下禱告，有感動分享、用生命改變傳福音，嘔心瀝血之作——《阿爸父為你設計的精品人生》。

祝福您：時時與神同在，平安喜樂。

美商 KS 集團董事會主席

開啟你的翻轉人生

2018年在網絡上認識兆鴻博士，他正在推動餐廳整合併購的商業專案。談話中感覺他是一位有禮貌、年輕有為的博士，待人有禮、談吐得宜。當時，我特別詢問：「您是基督徒嗎？」他告訴我，他還沒有正式受洗成為基督徒，但是周圍的好朋友很多是愛主的基督徒。我心想：神已經在他的周圍安排許多愛的小天使圍繞他。神一定會揀選他，讓他在職場上為主作光作鹽，在商場上傳福音領人歸主。

2019年得知他受洗了，去讀神學院，開始在教會服事神！「哇！」我真要為此大大讚美神！高聲宣告：「哈利路亞讚美全能主！」神實在是一位做新事且做奇事的神！

在網絡社群上常看到兆鴻博士分享神的話語鼓勵網友們，數算神的恩典為主見證。真的，基督徒就是一群數算神恩典，過好每一天的神子民。尤其面對每天生活中的大大小小挑戰。若沒有神的保護與帶領，實在很難在人生的風浪中安然度過。

2020年是一個對全球人民而言是考驗嚴峻的一年。各國媒體天天報導新冠肺炎的現況，這次病毒所造成的影響非常深遠且嚴重，猶如第三次世界大戰，是人們與病毒的戰役。

於此同時接獲兆鴻博士來電與我分享，上帝如何帶領他完成這本長達136000字的巨作。再次，讓我「哇！」哈利路亞讚美神！

神要透過兆鴻弟兄的生命故事加添人們力量，因為在人不能，在神凡事都能！《聖經》

在我諮商陪伴個案的過程中，發現每個人心中都有一個小小孩。每個人成長的過程所遇到的環境、經驗、知識、偶發事件、視覺化想像，都會對我們的信念系統產生巨大的影響。而這些信念系統會影響人們的行為、生活習慣、個性。不論現在年紀多大，這個潛意識的系統卻真實的一直在影響每個人。許多人靠著自己的努力，尋找各種方式想要找到生命的答案，兆鴻弟兄也是一直在尋找生命的答案。直到認識三一真神（聖父、聖子、聖靈）生命大大的翻轉，他才明白原來這一切都是天父為他設計的精品人生。

為何認識全能主上帝是如此重要呢？因為我們是全能主上帝創造的，祂是陶匠我們是陶土，祂創造我們一定有祂的計畫和命定。即使我們過去因為不認識祂，生命遇見許多的苦難、挑戰、挫折、失落、悔恨……，全能主上帝是深愛我們的，祂可以為我們醫治、釋放、重建，賜給我們全新的生命。不論是童年階段、求學經歷、跨專業學習、英文教學、出國深造、家庭婚姻、親子關係、工作事業、職場宣教服事……，每一章節都可以清楚看見是全能上帝對兆鴻弟兄的祝福和帶領。

兆鴻弟兄的跨領域學習實在是一件奇妙的事。為此，真的要大大的讚美神，因為神的道路高過人的道路，神的意念高過人的意念。尤其現在是整合資源的時代，跨界、斜槓人才，反而是一項優勢。即使當時還不認識神，但是只要一認識神之後，就會發現原來這一路走來，全能主上帝早早就預備了一切恩典。我想，這是許多得救重生的基督徒，常常有的共同領受。因為聖靈已經親自除去那

遮住我們心眼的帕子，神的光親自照明我們心中的眼睛。讓我們明白神對我們的愛是何等長闊高深。

每個人都是一本書，生命故事或許不同，但是生命中的喜怒哀樂酸甜苦辣，同樣令人刻骨銘心。讀了兆鴻弟兄的故事，除了了解他的當時的想法看法之外，我最欣賞最推崇的就是每一段的禱告。

全能主上帝要我們天天穿戴全副軍裝，天天靠主得勝！

禱告是與神的對話。
禱告是從神得力量的秘訣。
禱告可以將心中的讚美、感謝、祈求，
向神傾心吐意的說出來。

禱告是一個與神親密的精心時刻。天父爸爸，謝謝您何等的愛我們，透過兆鴻弟兄的生命分享，讓我們知道您為他設計一個精品的人生，同時也祈求聖靈幫助所有閱讀此書的朋友們，讓他們不僅看了兆鴻弟兄生命歷程被鼓勵被安慰。更能敞開他們的心來認識創造兆鴻弟兄生命的全能主上帝，幫助他們因為認識您開始一個精品的人生。

奉主耶穌聖名禱告，阿們！

NAC 李欣 老師

一日為師終身為父！

這本書的誕生要感恩幕後推手，我的師父：王晴天博士！

我在家中排行老三，一般人認為最會撒嬌的小孩，自幼沒有爸爸的陪伴。這是單純客觀的描述，不是在抱怨，也沒有要怪任何人的意思。這樣的一個小孩，國小的時候，在國語作文課被老師要求寫一篇作文，題目是：〈我的爸爸〉從好的方面來說，很早就被訓練想像力（笑）。

這樣的孩子，自然會在人生的過程當中，不斷尋找能夠彌補父愛缺憾的寄託，先是人間的乾爹，然後是道教神明乾爹，接著是職場上的長輩，看起來好像似乎都能被寄託以彌補生命中爸爸的缺席空位……。

然而，人之所以為人，就是因為人是不完全的！亞當在伊甸園和夏娃，因為撒旦藉由蛇的化身被引誘，吃了分辨善惡的果實，這時人作為神的創造物，開始墮落！就像大隊接力賽跑一樣，不幸地，第一棒亞當，掉棒！

在我四十幾歲沒有爸爸的生涯中，我從事教育培訓超過二十年，自己當老師卻一直沒發現，古人所云：「一日為師終身為父」的道理。雖然我自己沒父親，但是神要我每天都扮演我的學生們的父親角色，給予建議提供方向。現在我更是兩個孩子的阿爸。

這本書是為三個族群的人寫的：

第一個族群，你的原生家庭跟我一樣，爸爸是缺席的，不管是任何原因所造成的。

第二個族群，你的原生家庭有爸爸，但是你感覺其實跟沒有爸爸並沒有什麼差異。

第三個族群，你的原生家庭有爸爸，而且你跟爸爸感情非常好，只可惜好景不常，爸爸英年早逝，讓你十分傷心難過。

甚至你覺得你恨你爸爸，這也是一本為你寫的書！所以不管你是上面哪一個族群，本書都是為你所寫的！我要告訴你，**其實你不只有地上的原生家庭，你還有屬神的重生家庭，你的弟兄姊妹們和你，有著共同的父親，也就是我們共同的天父——阿爸！**感謝親愛的天父，讓我在教會聽到詩歌《當你找到我時》，不知不覺淚流滿面……，聖靈保惠師直接療癒我的創傷，雖然四十幾年來，我表面上故作堅強，只有主知道，我內心的軟弱……感謝主！

我要特別說明，這不是一本要叫大家信基督教的書，因為每個人都有自由意志(Free Will)。佛家說因緣所生法，我說即是空，每個人的機緣不同，自然各有體驗，不用勉強。更何況《新約聖經》寫得很清楚，**把耶穌釘在十字架上的不是別人，正是當時表面上宗教信仰最虔誠的法利賽人和文士**，因為神的獨生子耶穌——先知預言救世主彌賽亞的誕生，威脅到法利賽人和文士的既得利益，因此千方百計地要置耶穌於死地！（馬太福音 27 章）

親愛的弟兄姊妹，絕對不要因為人口中說他／她是基督徒你就

相信，而是要以基督的心為心，就算這個人還沒受洗，卻常為人設想，有愛人的心，他／她卻是真實地實踐基督徒的精神。

之前已經寫過幾本書，當時除了希望幫助更多人之外，其實心中比較多還是希望自己的書成為暢銷書，寫《阿爸父為你設計的精品人生》的時候，卻有著完全不同的心情，我只希望本書能讓有緣份拿起來看一眼的你，心中有一種感動，因為神先愛我們，所以我們要彼此相愛！如果你心中有感動，你可以唸出下面的文字，開始你的心靈療癒旅程：（如果暫時沒有感動，可以先跳過不唸，日後再回來，因為神是：自由、醫治、釋放、恩典）

『親愛的上帝，我願意打開我的心門，接受祢做我的救主和生命的主，謝謝祢賜下獨生愛子耶穌為我捨命，謝謝祢赦免我所有的過犯，求祢管理我的一生，奉耶穌基督的名禱告，阿們！』

就這麼簡單，完成這個禱告，恭喜您跨出建立重生家庭重要的一大步！

心靈成長教練

博士

目錄

PART 1 最深、最深、最深的傷痛

PART 2 色情綑綁的開始

要積攢天上的財富

要勝過這個世界

附錄♪感動見證＆詩歌分享

But Jesus beheld them,
and said unto them, with man this is
impossible; but with God all things
are possible.

PART 1

最深、最深、最深的傷痛

「我的肺腑是你所造的；
我在母腹中，你已覆庇我。」
詩篇 139：13

1 童年的傷口，破碎的心靈

三歲的記憶

其實後來想一想，這應該是一歲左右時的記憶。畫面中，爸爸拉著媽媽的頭撞床，應該是在打架、吵架，而我的印象已經很模糊了。

令人驚訝的是，一歲多的記憶猶在眼前。或許，這一幕在我幼小的心靈中，已經產生莫大的創傷，甚至影響以後我的感情、婚姻狀況，以及和自己小孩互動的情形。

關於最早的記憶，我聽過一個說法，在輔仁大學有一位語言學的教授，他在一次上課過程當中跟學生說，他能夠記得他還是精子的時候的記憶，這個令我非常地驚訝，太厲害了！聽說，能夠記得愈早記憶的人會愈聰明。不過不管是不是愈聰明，或者是最聰明，這個小時候的記憶，我相信，在人的成長過程中，對未來一定會有偌大的影響。

除了記憶，再來就是每一個人在成長的過程當中，都會有曾經被傷害的感覺，或者實際被傷害的經驗，這個是人的心裡面最深、最深、最深的傷痛。舉個例子來說，各位從前文就可瞧出端倪，表面上看起來，我跟其他小孩好像沒有什麼不一樣，但事實上，在內心裡面，我就自我認定自己是一個沒有爸爸的小孩。

一個沒有爸爸的小孩，先不管覺得自己有沒有價值，第一個思考就是，我就是沒有爸爸，是沒有爸爸愛的小孩。為什麼我沒

有爸爸呢？人就會開始自己胡思亂想了。

「那可能是我沒有價值吧！」
「那可能是我爸爸不愛我吧！」
「那可能是⋯⋯」

　　人就會想出非常非常多的原因。所以後來為什麼當我接觸到基督教信仰的時候，會感覺特別地開心，因為牧師常常跟我們說，<u>你有天父：阿爸。你是珍貴、有價值、被愛的。</u>不管你的原生家庭如何，在基督裡，你有重生家庭。關於這個部分，後面有一個章節我會詳細說明。

　　這些最深、最深的傷痛，除了認為自己是沒有爸爸、被拋棄的小孩，也有可能是爸爸或媽媽的問題都占了一部分。當然這本書更強調的是針對爸爸的部分，爸爸英年早逝，還會家暴，不論是打媽媽，或是打小孩。

　　周杰倫有一首歌，相信大家也聽過，「麥擱安捏打我媽媽⋯⋯（別再這樣打我媽媽）」。類似這樣的狀況，些許是這個家庭裡面的爸爸是一個不負責任的父親；又或者是，這個家庭的爸爸，他跟小孩的溝通之間有很多的「狀況」。

🕊 最深層的傷痛

　　我比較不願意說「障礙」，而是說「狀況」。因為每個人的角度不一樣，說不定小孩覺得跟爸爸溝通有障礙，爸爸也覺得跟小孩溝通有障礙，這個就讓我想到一句話，「你吃的鹽跟我吃的飯不一樣！」。最近有一位復興堂教會的主任牧師，柳子駿牧

師，寫了一本書，書名是《你吃的鹽跟我吃的飯不一樣！》，這個書名寫得非常棒！每一個世代，每一個generation，其實他所處的環境，所要面對的優勢，或者是要面對的挑戰都不盡相同。如果單純只是「代溝」這樣的狀況，我覺得情況會簡單許多。

而這個最深的傷痛，我們從佛洛伊德的心理學架構開始講。在佛洛伊德的心理學架構裡面，有一個「自我、原我、超我」。他把意識分成三個等級層次，最上面叫做「意識（conscious）」；往下叫做「preconscious」，pre 代表前面的「前」，所以翻譯為「前意識」；最下面，在前意識的下面還有一個「潛意識」，英文叫做「subconscious」。所以人的意識層面至少有三個：conscious（意識）、preconscious（前意識）、subconscious（潛意識）。

很多人是把內心深層的傷痛壓抑在潛意識，甚至比潛意識還要再更深層的心裡面，也就是假裝好像沒有這回事。在表面上看起來，這個人應該一切行為都還滿正常的。他會正常地工作，正常地結婚、有小孩，說不定也有些人可能就帶著這些深層的傷痛，一起進入棺材，再也沒有去注意到這個深埋在心裡的傷口。

可是現代人面臨那麼多複雜的環境，是多麼龐大的生活壓力呀！不像以前古代人，相對生活比較單純。對於現代人而言，很多事情禁不起一再地刺激，許多事情在經過一段時間過後，爆發出來，可能是憂鬱症、躁鬱症、精神分裂……等等，甚至衍生出動刀、動槍、殺人、跳樓……等社會事件層出不斷。從這個角度來看，你就會知道「冰凍三尺非一日之寒」。所以這些後來發生的諸多狀況，其實都是因為在小時候原生家庭所受到很深、很深、很深的傷痛。

前一陣子我在網路上看到一段話，內心有非常深的感觸，他

說：「每一個罪大惡極的罪犯的心裡，都有一個受傷的靈魂。」他為什麼現在會殺人放火，為什麼現在會吸毒、販毒，都跟他的成長環境脫不了關係。

講回來，這些原生家庭，或從原生家庭延伸出來帶給你的這些傷痛，大部分的人會選擇把它覆蓋起來，隱藏到「潛意識」當中。有些人可能因此而自暴自棄，也就是說他沒有把他的傷痛講出來，同時他也覺得「那我人生就沒希望啦！」、「那我就過一天算一天好啦！」嚴重一點的，「那我死一死算啦！我就去自殺」。

孔子救了我！

事實上，我在唸政大的時候，唸到了非常消極的哲學，尼采、叔本華：「上帝已死」（後來才知道原來上帝沒有死！）因為唸到這種存在主義、悲觀哲學，一度意志消沉。德國的海德格說：「人從一出生，就一步一步邁向死亡。」各位覺得他講得有沒有道理？我覺得他講得非常有道理。但是這樣比較消極的人生觀，負面的存在主義哲學，會影響一個本來就受到打擊、創傷的人，很容易走上不歸路、絕路，甚至是自殺身亡。

我非常地幸運，在政大唸哲學系的時候，沒有多久就唸到了儒家積極奮鬥的人生觀，也就是孔子說的：「天行健，君子以自強不息」。這其實好像是《易經》裡面提到的。也就是說，我們雖然這一生不知道到底有什麼成就，但是我們還是得努力向上學習，希望像在《論語》提到的，能夠做個「君子」。其實，孔子《論語》裡面的「君子」，就跟《聖經》裡面「我要聖潔」一

樣，我認為這是很類似的概念。

現在回到這個本章第一節的核心——最深的傷痛，它的對照面，在潛意識的深處，可能是你的鄰居、你的同學、長輩，也可能是你的爸媽，甚至是陌生人，莫名的一個動作，所對你造成的傷害。相對於這些傷害，很多人在表面上，像我前面所提的，他就自暴自棄，過一天算一天，嚴重的就跑去自殺了，這是第一種類型的人。

我很幸運，被孔子給救了。孔子給我積極奮鬥的人生觀，於是我成為第二種類型的人。第二種類型的人，跟我，還有我的二哥很像。我們這種人，不斷地學習，不斷地進步。為什麼？因為我們覺得知識能夠改變命運。小時候，長輩就跟我們說，「愛讀冊（一定要讀書）」。這個是從中國歷代留下來的，「唯有讀書高」的這種觀念，也不一定對，也不一定錯。但是我們因為長輩學習到這樣的觀念，所以自然而然就跟著這樣思考、這樣做。

後來我唸到企管博士，二哥因為有音樂天分一路唸音樂班，最後也就水到渠成地唸到了音樂碩士，現在也有再攻讀博士學位。我現在來分析一下為什麼我們倆兄弟會這樣子一直想要學習向上，這部分可能就是因為心裡覺得沒有爸爸的缺憾，尤其是我。而我沒有辦法代表二哥發言，因為其實他應該跟爸爸還是有一些相處的時光。我是老么，所以在我童年的過程當中，幾乎完全是沒有爸爸的記憶的。這時你大概會這樣想：「那大哥呢？兆鴻老師，你為什麼到現在沒有提到大哥？」大哥是 another story（另外一個故事），我們可以找另外一個專門的章節來討論王大哥。

接下來要談的是這個最深傷痛的對立面，叫做「美好的表

象」。人生雙象，表象與實象。

人生雙象，表象與實象

表象：「哇！這個人穿著光鮮亮麗！」
表象：「哇！這個人百萬年薪！」
表象：「哇！這個人有博士學位！」

這一些包裝，這一些光環，和表面的美好，我沒有說它不重要，有時候滿重要的。譬如說我到公家機關去擔任顧問的時候，有一個博士學位，坦白講滿好用的。但是，這對於你內心裡面，潛意識最深層的傷痛有沒有幫助？很遺憾，沒有幫助。

這也就是為什麼在社會上，很多成功人士、名人、大學教授、高學歷、高所得族，一般人認為說「哇！他這麼成功！他是上市公司的老闆！」的人士，最後，他可能是這樣的人生結局──跳樓，真是令人惋惜的事。如果你問我，我就會說，這可能跟他從小成長背景，在潛意識當中，那個埋藏在心底的傷痛有非常大的關係。因為，他雖然表面上已經當了上市公司的老闆，但是他潛意識裡面那個最深的傷痛並沒有得到醫治。再加上你想像一下，作為一個上市公司集團的老闆，他所要面對的財務上面、管理層面、人際關係方面、領導公司團隊、業績成長以及外在媒體給予的批評壓力等等，其實都是不容易的。

講到這邊，你已經開始對意識、前意識、潛意識有一些概念了。當然這邊我不是要跟你上課，講大腦神經科學，或者是要講佛洛伊德的理論。我這邊主要是讓你稍微有些概念，每一個人從

小到大，都會在心裡有一個刻骨的傷痛，我不曉得你最深的傷痛是什麼，可是，如果你有這樣子受傷的經驗，不知道你會怎麼樣去療傷？

剛才「聖靈感動我」（基督教常用的講法），這個應該是許多人作為人常遇到的瓶頸、困難，畢竟人是一個有限制的存在。這是比較神學的說法，你可能還不是很熟悉，沒有關係，之後，等我分享更多關於我們的阿爸（天父）的時候，你就會更明白，人跟神之間的關係、差異，以及人跟神之間到底如何可以重新得到連結。

基督徒常說一句話：「人的盡頭，神的開端。」作為有限制的人，你千萬不要想「人定勝天」。我聽過好幾位長輩，六十歲，甚至六、七十歲的長輩，他們都曾經告訴我，他們年輕的時候，有一個觀念：「人定勝天！」結果，經歷了幾十年，在事業上、在家庭上、在生活上各方面的歷練、體驗之後，他們終於知道，人，是絕對無法勝天的。

人定無法勝天！

一位跟我這樣講的長輩，其實年紀不大，大概五十多歲，曾經也是一個台灣上市公司的老闆，最後，他放下他的工作，放下他的上市公司，成為了神的僕人，成為了一位牧師。現在每天掛在嘴邊，以及每天行動、執行最重要的事情，就是：拯救更多的靈魂。這是多麼大的一個使命啊！不只他得到了醫治，他也讓更多更多的人得到醫治。他最近要在台北市開一個新的教會，如果我印象沒錯的話，五百坪可以容納一千會眾。這位牧師也是前上

市公司的老闆，他自己靈魂得救，他還要救更多的靈魂。

　　在心理學裡面有另外一個說法，當你只為自己活的時候，會覺得滿痛苦、滿辛苦的；但是當你為別人活的時候，你會發現，你的生命意義，生命的價值，會不斷地被你找到。這時候，你會發現，活得愈來愈快樂，活得愈來愈平安。

　　好的，講完了這個表面的美好，很多人這些心裡最深、最深的傷痛，怎麼樣能夠得到醫治呢？作為人，當然我們能夠想到的一定是有限的，我們會想要找心理醫生，而心理醫生就會請你坐下來，然後，可能透過催眠和各種讓你放鬆的方式，請你去描述從小到大碰到的不好的事情。

　　舉個例子，我有一位女性的朋友，她小時候很不幸地有被長輩性侵的經驗。因為這樣子的經驗，導致後來她在結婚之後，跟老公在做愛做的事情時，就有一些障礙和困擾。後來她就找到了適合的心理醫生，來幫助她釋放，讓她訴說小時候這樣子一個不幸的過程。很幸運地，她最後是有得到心裡的解脫跟釋放，可是程度，到底是百分之十？百分之五十？還是百分之九十？一百？不知道，這個只有她本人能夠知道。

　　對於我來說，我生理、心理，最深、最深的那個傷痛，就是「我是一個沒有爸爸的小孩」的這個價值觀，一直隱藏在我的潛意識當中。如果我想要用人的方法來得到醫治，那我就得找一位心理醫生，把我從小到大的故事跟他講一遍。請問，這個過程是不是就好像你的傷口本來已經結痂，然後又把那個結痂的傷口拉開、掀開，是不是又得再痛一次？然後再痛一次，等於在你的潛意識當中又再加深一次印象，心理醫師再來想辦法幫助你，不管是用催眠，還是用藥物，或是用任何其他的方式。

　　在這邊我要提醒你，西醫裡面的藥，就是毒。當然這樣的講法比較偏激一點，不過，如果你稍微對西醫有認識，你就知道我講的是事實。事實上很多醫師，他自己的小孩是不太吃藥的，因為他們知道，吃藥其實是在抵擋小孩身體裡面的免疫力發揮跟成長，所以他們不太贊成小孩吃藥，因為人是神所造的，天然的最好，千萬不要斷章取義說我叫你不要看醫生，而要時時記得天父愛你，記得時常禱告。

2 對症下藥

心病還要心藥醫

我認識一些醫生的小孩，當他們感冒、流鼻涕的時候，不吃藥，也不太打針，醫生讓小孩把鼻涕掛在臉上，看起來很噁心，但是很多真正懂西醫的醫生，卻認為這是小孩生病康復最好的方式。當然，我不是告訴你不要看醫生，而是，如果不是緊急症狀要立刻就醫處理的話，其實別急著打針，別急著吃藥。藥，對你來說，不一定有好處，甚至可能會有很大的壞處。

講回來，這個心理醫生的作用，就是再次揭開你的傷疤，然後讓你再痛一次，痛完之後，他再想辦法幫你把傷口的痂貼回去。當你聽我這樣講的時候，你有沒有覺得很好笑？好笑的點在哪裡呢？就是心理醫生的工作，就是把你的傷口再揭開一次，「啊！」讓你再痛一次，痛完之後，他再幫你把傷口結痂的地方貼回去，你又會「啊！」小聲一點的痛，但是還是痛！

在這樣子的拉扯過程當中，你到底是得到了醫治？還是你得到了傷害？沒有人知道，這就是所謂有限的人能夠提供給你的幫助。

我記得我在小時候看過一部限制級的電影，現在回想起來還是印象深刻，從這裡你可以知道小時候的記憶還是存在的吧！小時候看的那部電影──《夜色》，男主角叫布魯斯威利。布魯斯威利，這位好萊塢的男演員，他大部分演的是動作片，難得他演

了一部算是靜態的電影。在《夜色》（*Color of Night*）這部電影裡面，布魯斯威利飾演一個紐約的心理醫生。有一天，他講話刺激到他的病人，而他的諮詢診所是在很高的大樓裡面，結果病人就直接跳窗自殺了。我一直認為心理醫生他的自我必須縮很小很小，才能夠跟病人流暢地溝通，要不然就會像《夜色》裡面演的一樣。布魯斯威利這位心理醫生，因為講話太 ego（自我），導致他的病人聽不下去，直接跳窗自殺。

如果你是一個心理醫生，你在幫病人諮詢，結果你的病人在聽了你的話之後就自殺了，這是一個什麼樣的概念？對這個心理醫生而言是不是造成了很大的心理傷害？在這個電影裡面，這個心理醫生就變成了色盲，也就是心裡極度創傷、受驚嚇之後，會有一些功能的失調，或者是故障，所以他變成了色盲。後來他來到了另外一個心理醫生朋友這邊，自己則是休業，也就是心理醫生自己找心理醫生來做心理治療。

不好意思，我這樣講心理醫生可能會生氣，但是我要坦白地跟各位說，從這個故事、這個電影，你可以知道，心理醫生自己也是需要心理醫生治療的。心理治療有沒有用？我先不說，但是心理醫生自己常常也需要心理醫生的治療，如果他自己沒有很好的醫治釋放的管道的話，會很辛苦。

在這邊要跟所有的心理醫生來呼召、喊話一下，如果你是心理醫生，如果你看到這本書、這個章節，歡迎你到神的國度來，歡迎你來找我們的阿爸天父。主耶穌基督受死，被釘在十字架之後，死而復活，在即將升天的時候，他跟他的門徒們說：「別擔心，我會請天父賜給你們聖靈保惠師，聖靈保惠師會陪伴你們，會教導你們，會安慰你們，會醫治你們。」

噹噹⋯⋯聖靈保惠師

賣了那麼久的關子，答案終於要揭曉了。沒錯，真正的答案，就是聖靈保惠師，是全世界最優惠家人恩典價的心理諮商師。優惠家人恩典價是多少呢？答案是 0 元！

因為聖靈保惠師，只要你願意禱告，只要你願意相信，凌晨兩點、凌晨三點，祂都會聽你的禱告，祂都會讓你得醫治。聖靈保惠師讓你不需要再把傷口揭開受第二次的傷害，祂就可以直接來醫治你。這也是為什麼我去教會常常聽詩歌讚美的時候就會莫名其妙淚流滿面，甚至後來我在讀了更多的《聖經》之後也常感動落淚，因為當你讀更多的《聖經》，愈常去教會，你跟聖靈之間的關係就會愈來愈close，愈來愈親密、親近，所以常常聖靈充滿感動。

在《聖經》裡面甚至有提到，你的身體是聖靈的殿，所以，如果你活出聖潔、想改變你的生命，不再為自己而活，而是為了許多人而活，那麼聖靈就會常駐在你的心裡面。

後來我才瞭解，聖靈是不可能跟你分開的，只是，在基督教裡面有強調 Free Will，自由意志的概念。剛好這個自由「意志」跟自由「醫治」念起來滿像的，就是聖靈保惠師讓你得到醫治的這個「醫治」。

聖經加油讚！

⑱你們要逃避淫行。人所犯的，無論什麼罪，都在身子以外；唯有行淫的，是得罪自己的身子。⑲豈不知你們的身子就是聖靈的殿嗎？這聖靈是從神而來，住在你們裡頭的。

並且你們不是自己的人，⑳因為你們是重價買來的，所以要在你們的身子上榮耀神。（哥林多前書6：19）

從小是一個沒有爸爸的小孩，這個心理的創傷，我現在可以很坦然地跟你述說。如果改天你見到我，我可以跟你坦然地描述這個事情，或者你現在在書裡面看到我把它寫出來。當我能夠平順地談這件事情，甚至寫書公諸於世時，那表示，我已經走過了這個歷程。

《聖經》裡面說：「我雖然行過死陰的幽谷，也不怕遭害，因為你與我同在，你的杖、你的竿都安慰我。」（詩篇23：4）

這些人生低谷的部分，隱藏在潛意識裡面最深、最深的傷痛，對我來說，現在已經「得醫治」，我不敢說已經完全百分之百得到醫治，但是至少百分之八十、百分之九十，已經得到相當大的醫治。

這也是為什麼我要寫這本書的原因，雖然你現在看到這本書的書名是《啟動幸福人生的密碼：阿爸父為你設計的精品人生》，我必須要告訴你，這本書在一開始設定的時候，我是設定這本書的書名叫做「阿爸」，甚至，我想要把這本書叫做「阿爸天父」。因為感謝阿爸天父，感謝聖靈保惠師醫治了我，感謝阿爸天父沒有放棄我，<u>因為我是珍貴、我是有價值、我是被愛的</u>。（**I am precious！I am honored！I am beloved！**）

現在正在看這本書的你，不管你現在碰到什麼樣的事情、面臨什麼樣的環境，或是覺得有多大的壓力，記得，你是尊貴、值得被愛、是有價值的，你的阿爸天父永遠愛你，永遠等著你回家。

新時代的教會

講完聖靈保惠師，現在你應該對我的生命歷程有更深一層的認識。也就是，我這樣一個小時候「沒有爸爸的孩子」的這個偏差價值觀，因為跟天父重新得到連結，有更 close（親密）的關係，讓我在原生家庭得不到的愛，能夠在教會當中的重生家庭完全得到滿足。當我這個器皿被天父的愛不斷澆灌後滿溢出來時，就是我要來澆灌別人的時刻。

每一個星期到教會去小組聚會，裡面都有很多的弟兄、姊妹，你知道為什麼基督徒會有很多弟兄、姊妹？其實他就是能夠來補足你原生家庭……有些原生家庭只有一個小孩，你會覺得沒有同伴，但是你來到教會裡面、在小組裡面的聚會，你就可以有很多重生家庭的弟兄姊妹。除了小組聚會、弟兄姊妹，你在主日也會認識很多弟兄姊妹。有一些教會是堅持禮拜天早上才是主日，或禮拜天下午。事實上，環境、時代跟著改變，教會也必須跟著改變。

高雄有一個很年輕、很現代化的教會，叫FIGHT.K，從它這個洋名字你就知道，這個教會是很新鮮、很有趣的教會。FIGHT.K 的主任牧師叫蒙恩哥，他說，叫他蒙恩哥，不要叫他蒙恩牧師。蒙恩哥也開了連鎖髮廊，也開了牙醫診所，他不只在教會FIGHT.K裡面救靈魂，他還在職場上面宣教，也幫助很多年輕人創業，讓很多年輕人有工作機會。

在這一個章節裡面，我想讓你知道的是，每一個人的生活、成長過程當中，其實多多少少都有一些傷痛、創傷，而聖靈保惠師可以讓你直接自由、醫治、釋放、恩典。

我萬分地希望你找時間到你家或公司附近的教會走一走，不管你喜歡的是長老會，還是浸信會，或是信義會、真理堂，又或者是我在受洗之前，一位陳董事長帶我去的第一間教會，叫做「靈糧堂」，靈魂的糧食。十幾年前，我還不是基督徒，但是我第一次去靈糧堂參加禮拜四下午詩歌敬拜，就有一次非常不尋常的體驗。

當時我還是道教徒，和一位陳董參加靈糧堂詩歌敬拜，結果當場開始方言禱告，也就是嘴巴唸唸有詞，但是我自己完全不知道我在講甚麼。後來知道是我的靈與神在溝通，當下當然是不知所措地看著陳董，比著我的嘴巴，陳董說沒關係讓他講，後來就放輕鬆了。只是比較不好意思用了教會半包衛生紙，哈哈。

這邊附帶一提，如果你是弟兄姊妹，方言禱告並不會中邪，更不會走火入魔，因為你有天父阿爸隨時看顧保守著你。

童年三記趣

我三歲的記憶有三個，第一個記憶就是，小時候阿公、阿嬤、舅舅、舅媽都在賣青菜、水果，換句話說我小時候的記憶，第一個就是在青菜、水果堆當中長大。賣青菜、水果，尤其在市場，很多的蒼蠅，另外一個小時候的記憶就是在蒼蠅堆裡面長大。還有一個跟蒼蠅堆有關的，就是我小時候的腳，俗稱叫做「紅豆冰」，就是很多爛瘡，不曉得為什麼會這樣，是不是跟蒼蠅、跟生活環境有關？不知道、不確定，不過這就是我小時候的一個記憶。

後來小學一年級大概是六、七歲時，有另外兩個我印象非常

深刻的記憶，其中一個就是，住在阿公、阿嬤家時的記憶，我爸媽離婚之後，爸爸帶著大哥回到台南，而我是假台南人，這個後面有一個章節會說明。我媽媽帶著二哥跟我就住在阿公、阿嬤家。阿公、阿嬤家離我讀的國小很近，我讀⋯⋯現在叫新北市，以前叫台北縣的新莊國小，對面有個五守新村，是眷村，我的老師也是住在眷村裡面的。學校離家裡大概走路五分鐘左右，我小時候很羨慕同學可以坐車上學、可以坐車回家，長大之後才知道，原來這樣很累。

小學的時候因為阿公、阿嬤家離學校很近，而學校規定進學校之後在放學前都不能離開，所以我找到一個可以出去的管道，以防有什麼東西忘記帶，卻無法補救。我找到了一面牆壁，從那個牆壁爬出去，我就可以回家拿東西，然後再進學校，不被發現。到底有沒有被發現我也不知道，但是就這樣爬了很多次，這是我對小學的第一個記憶。

我對小學的第二個記憶，是我在小學第一次月考的時候，考了全班第一名，在這邊我不是要炫耀什麼，而是這是一個很深的記憶，老師叫全班起立為我掌聲鼓勵。這也要感謝媽媽，媽媽在家裡打很兇，因此我寫了很多考卷，這個第一名不是我聰明，是打出來的。

在這個章節結束的最後，我要講一個很丟臉的事情，既然得到自由、醫治、釋放、恩典，丟臉的事情講出來也沒什麼了不起。小學一年級，是我人生一個非常丟臉、尷尬地經歷發生的時候。就是有一次，可能吃壞肚子、拉肚子，結果，小時候不懂什麼叫吃壞肚子、拉肚子，所以就不曉得要趕快去上廁所，來不及到學校的廁所上，最後拉在內褲上了。

　　大便拉在內褲上，小學一年級，你會怎麼處理？沒辦法處理嘛！就自己在學校的廁所裡面亂搞、亂處理，處理的結果就是搞到兩隻腳都是大便味。亂搞之後回到教室，老師、同學發現這個人身上怎麼都是大便味，老師就叫我要回家洗澡、換衣服，後來洗完澡、換完衣服有沒有再去學校，已經忘記了，不過，這就是在我小學一年級的時候發生的糗事。

　　講到這邊，讓我想到了羅大佑有一首歌，叫《童年》，各位有興趣的話可以找來聽一聽，這就是童年發生的事情。也就是從我一歲的記憶、三歲的記憶，到小學一年級六、七歲的記憶。希望看完這一章內容的你，能夠得到一些啟發。你以前內心受到很深、很深的傷害，不需要透過有限的人治方式，也就是心理醫生的治療（這裡要跟心理醫生說聲抱歉）——「要花很多錢，要花很多時間，把你的傷疤再揭開一次，很痛很痛！」其實，你可以直接呼求阿爸天父，你可以直接呼求主耶穌基督，你可以直接呼求聖靈保惠師。

聖靈，幫我！

耶穌，救我！

阿爸天父，我需要你。

祝你早日得到自由、醫治、釋放、恩典。

以上禱告，奉主耶穌基督的名求

AMEN

HALLELUJAH

3 原生家庭 VS.重生家庭

在這裡我要再補充說明一下，因為我是家裡面的老么，當我出生的時候，我的印象就是爸媽打架、吵架，從小我是過著沒有爸爸的生活。

對於爸爸的印象只有一次，他帶著我去台南，因為我爸爸是台南人，如果我印象沒有錯的話，爸爸在台南的家，是在台南市孔廟附近，That's all！這就是我唯一對爸爸的印象。爸爸帶我搭火車回台南，在回台南的路上，我們吃著蛋捲，然後他教我用報紙把蛋捲的屑屑集中在一起，倒在嘴巴裡面吃。

寫到這裡，我的眼眶是泛著淚水的，因為這是我極少數的機會，可以回想起我地上親生父親的印象。你還記得我在前面提到，國小都會寫一篇文章，題目是「我的爸爸」。而我對爸爸只有這樣子的印象，我當然不可能在作文裡面就寫「我對我的爸爸印象只有一次，他帶我坐火車回台南、用報紙吃蛋捲屑⋯⋯」這個答案老師看到一定也不曉得怎麼改。

當時年紀還小的我，所出現的心理防衛機制，就是自己開始想像、創造，於是我從媽媽那邊得到一點點的蛛絲馬跡，我爸爸曾經開過書店，我爸爸可能是從事跟書有關的工作，於是我就自己想像他是出版社的業務，他會去很多的書店，去拜訪很多的公司，去賣他們出版社出的書，這個部分應該是純粹來自於我的想像。

從這裡你就可以理解，我當時是多麼地害怕受傷，用想像、

創造來保護自己。當朋友問我說，你是哪裡人的時候，我就會說，我是假台南人，因為我的出生地是以前的台北縣，現在的新北市，從小到大，沒有住過台南，唯一一次跟媽媽到台南去，是因為要辦拋棄繼承。爸爸在過世之前，欠了很多的負債，經過媽媽朋友的提醒：「你在台北的兩個小孩，要記得回到台南去辦理拋棄繼承權，這樣他們爸爸的負債，才不會要他們來還。」

當時媽媽有考慮我們兩個老二、老三拋棄繼承權，那這個繼承權是不是會落在大哥的身上？對於媽媽來講，我覺得這也是一個很困難的抉擇，因為不是她的二兒子、三兒子來幫她的前夫還債，就是她的大兒子要還債。當時媽媽逼不得已，就帶著二哥還有我回台南去辦理拋棄繼承。

爸爸自殺身亡

這裡，我要來天外飛來一筆，也是隱藏在我內心當中多年，從來沒有跟別人提過的事情，我的太太知道這件事情，但是她在我們快要結婚的時候才知道。因為她能夠諒解、體諒我的處境，所以她刻意地替我隱瞞這件事情，在這裡我要再次感謝我的太太。老婆我愛你。

這件事情就是，聽過我講爸爸的朋友，只聽我說我爸爸很早就過世了，但是他們不知道的真相是，其實我爸爸在我國中的時候是自殺死亡的。為什麼要自殺？因為他欠了很多的債、他跟我媽媽離婚之後，聽說有跟另外一位小姐結婚。至於另外一位小姐是在我爸爸跟我媽媽離婚之後認識結婚的，還是在他們還沒離婚之前就認識，這個我就不清楚了。

不過，你想像一下，你的爸爸，或者是媽媽，也就是你在原生家庭的雙親，其中一位，如果他是自殺死亡的，你有沒有辦法很坦然地去把這件事情告訴別人？我不知道你的想法，但我是沒有辦法做到的。因為我覺得爸爸自殺死亡這件事情，會讓別人對我產生很多負面的價值判斷，所以從國中到現在，除了我太太、我媽媽知道這件事情之外，應該沒有其他人知道我爸爸是自殺死亡的。

　　那我為什麼要在這裡提出這件事情呢？因為，如同我前面提過的，我已經找到我天上親生的父親，也就是親愛的阿爸天父。我知道我是尊貴、有價值、被愛的，雖然我的原生家庭並不美滿，讓我在地上有「沒有爸爸的小孩」的遺憾，但是在重生家庭當中，每一次到教會小組聚會，每一次參加主日活動，我的身邊總有許多教會、重生家庭的弟兄姊妹們，這種回到家的感覺、回到被愛與愛人的感覺真好。

　　《聖經》裡面有一句話，就是：「當你們彼此相愛，眾人就會認出你們是我的門徒。」嚴格來講，基督教並不是一個宗教，基督教是要我們學習耶穌愛人的精神，因為親愛的天父派了他唯一的獨生子來到地上，為了人類所犯的罪而被釘死在十字架上。

　　如果你有認真讀過《聖經》的話，其實耶穌前面三十年是他的等待成熟、成長期間，後面大概三年半，傳道、講道的時間，他醫治了非常多瘸腿的、瞎眼的、大痲瘋的，各種病症，甚至好幾位他讓他們死裡復活，包含他自己被釘死在十字架上，三天後復活。

聖經加油讚！

㉞我賜給你們一條新命令，乃是叫你們彼此相愛，我怎樣愛你們，你們也要怎樣相愛。㉟你們若有彼此相愛的心，眾人因此就認出你們是我的門徒了。（約翰福音 13：35）

　　這一切聽起來是多麼的不可思議，是多麼的無法想像，讓人家覺得根本就是神話故事，或是電影，因為電影台灣話叫Manga，就是那種瞎掰出來的故事。但是我實實在在地告訴你們，這些在兩千多年前，都是真實發生的，現代的科學家已經有非常多的科學的證據。他們已經找到耶穌石墓裡面的血，科學家檢驗出來，經過了兩千多年，祂的血還是活性的，且耶穌的血沒有爸爸的DNA，因為祂是聖靈讓童女聖母瑪利亞感孕而生下的。如果對系統神學特別有興趣的讀者，可以再去研究一下，耶穌後代子孫——大衛，因為祂們這樣一脈相傳，就是沒有受到人的罪影響之血脈。

美滿原生家庭

　　這一小節在講原生家庭，而原生家庭美滿的部分，譬如說我有一位很棒的媽媽，因為從小，她就要照顧我和二哥。小時候，我們住在阿公、阿嬤家，阿公、阿嬤對我們也非常好，坦白說，因為阿嬤非常地重男輕女，她根本沒有把我們當外孫來看待，她完全是把我們當成金孫來看待。

　　即使我們住在阿公、阿嬤家，因為我跟二哥都是男生，我的二哥從小學音樂，讀音樂實驗國小、實驗國中、實驗高中，家裡

的鋼琴就是阿嬤買給二哥的，小提琴也是阿嬤贊助買的。我呢，因為從小不喜歡學鋼琴，其實是碰到一位非常兇的鋼琴老師，每次我媽媽在旁邊的時候，她就很溫柔，媽媽一離開之後，她就很兇，拿原子筆打我的手（P.S.這邊提醒帶小孩去上鋼琴課的家長，可以問你的小孩有沒有在你離開之後被鋼琴老師打手？）

從小我對學音樂的興趣就不高，還好，後來媽媽砸大錢，在我小學四年級的時候，讓我到台北中華路 VIP 偉人美語上課。這邊的主任非常兇，每個禮拜我們都有考試，他隨身帶著一個木板，考試考不好的、上課不專心的，就會被他打。我小學四年級，他三個月的補習費是八千塊新台幣！

我小學四年級的時候大概是十幾歲，離現在將近要三十年前，三十年前的八千塊，那是十分大的金額。老實說一個單親媽媽，賺錢不多，她在家裡還幫忙帶其他舅舅、舅媽的小孩，來賺一點生活費，這樣子來帶我跟二哥長大，但是她卻砸大錢在我跟二哥的身上。

還好，後來我在英文方面的學習，終於產生了興趣，媽媽砸的錢沒有完全白費，為什麼說沒有完全白費呢？因為我小時候台北市的中華路，西門町，還有騎樓，都還是在樓層當中。如果你有看過，或有印象這個中華路的騎樓，恭喜你，你跟我一樣年輕！因為現在年輕世代的小朋友絕對不曉得我在講什麼（P.S.：就在 2020 年三月，中華路因為要拍攝一部電影在汐止被重建了）。我在中華路附近就像劉姥姥逛大觀園一樣，常翹課，後來被發現（笑）。還好後來上國中當英文小老師，沒有完全浪費錢！

我的媽媽就是這樣子辛苦地把我跟二哥帶大，在這過程當中，爸爸在我的感覺裡是極其不負責任的，因為他雖然帶著大哥

回到台南，第一，他沒有處理好自己的財務狀況，導致他最後負債累累；第二，他沒有處理好自己的感情，導致後來跟他結婚的這一位女性，好像也跟他離婚了。

當一個人再次結婚、離婚，而且又負債一大筆的時候，他當然對人生產生了非常大的失望，很可惜，我的爸爸當時並沒有教會的弟兄姊妹來跟他介紹親愛的天父，不然我相信，我在地上的親生父親，他是有機會再重生的。因為在耶穌基督裡，你就是新造的人，就是移除全部過去的罪了。

聖經加油讚！

⑯所以，我們從今以後，不憑著外貌認人了。雖然憑著外貌認過基督，如今卻不再這樣認他了。⑰若有人在基督裡，他就是新造的人，舊事已過，都變成新的了。（哥林多後書 5：17）

這就是我如何從道教徒成為基督徒的簡介過程。事實上，我給自己更大的使命，希望不只成為門徒，就是耶穌的十二門徒，更希望有機會能成為「使徒」。使徒的意思就是準備隨時為主耶穌基督殉道。講到殉道，很多人會覺得，死那麼可怕的事情，你怎麼可能不怕死？這本書完稿的時間是 2020 年三月，正好是肺炎在全世界蔓延的時候，全世界二十億基督徒們，每日禱告求主憐憫施恩，萬一人類命該絕，也沒關係，因為我已經受洗有天國的門票，你呢！

個人 FB 臉書回顧恩典滿滿

王兆鴻
2016年8月20日 · 新北市 · 🌐 　　　　　**•••**

突然想聽福音
有推薦的教會嗎…

👍❤️😮 35 　　　　　　　　　　　　　　10則留言

👍 讚	💬 留言	↪ 分享

檢視另6則留言

 Phoenix Fan 若有來士林在劍潭捷運站的<士林靈糧堂> 相當不錯喔！每週日早上十點‧‧‧‧‧

讚 · 回覆 · 3年　　　　　　　　　　　👍1

王兆鴻
2019年1月12日 · 🌐　　　　**•••**

兆鴻老師福音見證
在2018年最後倒數兩天
原本以為應該沒有機會完成受洗 主耶穌基督竟然派了鄭牧師到我的身旁
在集團新竹餐國重新開幕的時候 在200人的見證下受洗成為基督徒 我再一次見證 在人不能在神凡事都能🙏 阿們❤️哈利路亞

👍😊 王晴天、裕峰 林和其他39人　　　　4則留言

王兆鴻
2月21日上午@ 01 · 👥 ▾　　　　**•••**

感謝主人❤️
一路恩典滿滿數不盡
兆鴻老師3/1日起
每週四早上十點到
下午四點在
台北基督徒聚會
為您服務……

阿們❤️感謝主人

等您來場咖啡☕ 聊人生人❤️😊❤️平安喜樂❤️阿們❤️感謝主人

✝ 台北基督徒聚會 Taipei Christian Assembly
　中華瑞安全人關懷協會 Ryan Caring Association

專任傳道
王兆鴻
Gary Wang
0913-528-697

Tel：(02)8772-0321 Email:godlovesyou127888@gmail.com
Fax：(02)8772-0319 Add:台北市八德路2段203號B2

👍 你、Yun Ru Chen、Chris Chien和其他10人　　　1則留言

👍 讚	💬 留言	↪ 分享

耶穌十二門徒使命

　　一百多年前，當時正是清朝末年，八國聯軍的時候，早期第一批、第二批、第三批來到中國這塊土地傳教的傳教士們，來一批，就被殺一批。還有一位牧師，他的妻子、他的兒子、他的小孩，全部都死在中國這塊土地上。然而他卻一個人，在漫漫長夜的過程當中，把英文版的《聖經》，一個字、一個字的翻譯出中文來。這位牧師是二十幾歲就來到中國這塊土地的傳教士，中國所有的人都認為他是跟著洋槍大砲、八國聯軍進來的洋鬼子，所以大家的態度，你可想而知。在這樣的狀況下，他的老婆、他的孩子全部死在中國，但他一個人卻還繼續在中國這塊土地上，希望把福音傳揚開來。這樣的精神，是不是不怕死？

✝ 聖經加油讚！

馬禮遜（Robert Morrison，1782 年 1 月 5 日－ 1834 年 8 月 1 日），英格蘭出生的蘇格蘭傳教士。清嘉慶十二年（1807）受倫敦傳道會派遣來華傳教，到達廣州，是外國來華的第一個基督新教傳教士，在英國東印度公司任職 25 年。他在廣州做了大量文化工作，包括了第一個把《聖經》全文翻譯成中文並予以出版；獨自編撰了中國第一部《華英字典》，編寫了《中國一覽》、《廣東省土語字彙》（1828）等近代早期中西文化交流方面的重要作品。（資料來源取自維基百科）

　　其實在耶穌的十二門徒當中，大部分也都是為耶穌所殉道。

假如你現在到羅馬裡的小國家梵蒂岡，可以去當地很有名的教堂——聖彼得大教堂。這個聖彼得大教堂的「彼得」，就是耶穌的大弟子、大門徒。當時他們跟著耶穌其實也才二十出頭歲。後來彼得在被羅馬皇帝釘死的時候，他要求：「請不要把我用頭往上的方式釘死，因為我不配用跟耶穌一樣的方式被釘死。」他要求釘死他的人，用把他倒立的方式釘死，這個就是使徒殉道的精神，因為他們根本連死都不怕。

　　國父孫中山先生，是一位不折不扣的基督徒，他本來想要當牧師、醫生，後來發現，當牧師、當醫生救的人太少，最後開始籌劃革命。革命開始的時候，因為他是基督徒的關係，得到教會非常大的支持。他在主耶穌基督的身上，看到了青天白日滿地紅的精神。青天，就是日頭，日頭在《聖經》裡面有一個表徵，就是上帝；藍天，大太陽還有滿地紅，滿地紅就是主耶穌基督的寶血，要來遮蓋世人所有的罪。

　　不說你不知道，青天白日滿地紅，是一位不折不扣的基督徒陸皓東先生所畫出來的中華民國國旗。其實，現在在台灣，民進黨的黨旗上面，你也會看到一個白色的十字架，用綠色圈圈包起來，因為民進黨早期黨外人士也是受到基督教長老會大力的支持以及保護，所以現在有民進黨，甚至成為執政黨跟教會有很大的關係。

　　最後中華民國生日在雙十節，你是弟兄姊妹，你就會覺得，這是天父刻意的安排，因為天父要告訴我們：「我極其地愛中華民國，我極其地愛台灣、我的孩子們，你們的建國紀念日，在十月十號，雙十節。」兩個十字架，兩倍的愛，兩倍的聖父、聖子、聖靈，三位一體來保護我們。

浪跡天涯的大哥

這裡要來講一講我的大哥。我的大哥聽說十幾歲就遁入空門，要求家裡把他送去廟裡面當小沙彌、小和尚。大哥從小吃素，雖然很小就被送去廟裡面當小沙彌、小和尚，但是你可能不知道，當你送他進去的時候，你是要給廟裡面的師父、住持一筆錢的，有點像註冊費、學費的概念。

但是我的大哥去了一陣子之後，就請家裡人來把他帶回去，其實當小沙彌沒有這麼輕鬆，早課、晚課、早晚打掃是很辛苦的，而且吃的東西是粗茶淡飯，不像外面美食很多，雖然是吃素，素食現在變的花樣多多、餐廳也很多。這時，家裡要付一筆類似贖金的費用，才能把人帶回去，這是我大哥小時候的一個小插曲。

長大以後，我再次見到大哥是他國中畢業的時候。爸爸不太管教他，他自由習慣了，來台北看一看他的兩個弟弟，發現媽媽管得很嚴，又趕快跑回台南去了。再一次看到他，是我唸國中的時候，這一次，他說他在外面打工，沒有唸書，也就是國中畢業之後他就沒有升學，直接在外面打零工過生活。媽媽知道以後非常生氣，希望他能夠繼續唸書，鼓勵他回台南之後趕快去考高工。

我的大哥其實格外聰明，因為暑假唸了一、兩個月的書，他竟然就考上台南最好的高工，可惜，可能是因為爸爸沒有管他，也可能是因為自由慣了，大哥唸了一學年還是一學期之後，就輟學了。從此，再也沒有繼續教育方面的發展。從這裡來看，就不由得令我們感嘆，一個孩子的成長過程，不管是爸爸，或者是媽媽，教育都是非常重要的。因為缺乏了父親的管教以及規劃帶

領，我的大哥最後能夠謀生的工作，就是計程車司機。當然我覺得當計程車司機沒有不好，但是我相信大哥應該有更多的選擇與機會。後來他開始了浪跡天涯的生活，一直到現在。現在我都四十多歲了，我大哥也將近快五十歲了，還是一個人，如果沒有換工作的話，應該還是開著計程車。住在哪裡？不知道。生活過得怎麼樣？我也不知道。

偶爾，大哥有來跟媽媽聯絡、來找我們的時候，就是他負債大到他無法承受之時。媽媽曾經把她所有的黃金金飾全部變賣，為了就是去幫大哥處理地下錢莊的債務。後來當我有能力工作的時候，我就買一條黃金的鍊子送給媽媽，因為她所有的黃金金飾，為了還大哥地下錢莊的債，全部都變賣掉了。

又有一次，大哥出現，是他車子發生了很大的車禍，在內湖的一條路上，車子等於是半毀，維修費用要十幾二十萬，奇蹟似的大哥毫髮無傷，可能是因為他長年吃齋唸佛，神佛有保佑他吧！可是大哥每次這樣出現，我們就要為他提心吊膽，不是還地下錢莊的債務，就是車禍需要大筆的錢來維修。

心理學裡面有一個理論，叫做「刺激－反應、刺激－反應」，蘇俄帕夫洛夫，流口水的狗，經過這樣幾次刺激、反應之後，各位猜猜看，當每一次大哥出現的時候，我們心裡會有什麼感覺？沒錯！恐懼、害怕他又出了什麼紕漏？他又惹了什麼麻煩要我們來幫他解決？心理上我們當然就很抗拒大哥的出現，不過現在因為身為基督徒，《聖經》裡面的教導，第一重要：愛神，永遠記得把神擺在第一位；第二重要：愛人。因為《聖經》說：「如果你不愛看得見的人，你怎麼愛看不見的神？如果你可以愛看得見的人，你就可以愛看不見的神。」所以，如果你問我《聖經》到

底在講什麼？我幫你總結四個字，「愛神、愛人」，這就是《聖經》的重點。

⑲我們愛，因為神先愛我們。⑳人若說「我愛神」，卻恨他的弟兄，就是說謊話的；不愛他所看見的弟兄，就不能愛沒有看見的神。㉑愛神的，也當愛弟兄，這是我們從神所受的命令。（約翰一書4：20）

白話一點講，如果有一個基督徒跟你說他是基督徒，但是他卻對人講話不客氣，那我可以大膽地說，他是一個假基督徒。在《聖經舊約》的說法，叫做「假冒偽善」，如果你認真地去讀《聖經》，你會發現，兩千年前把耶穌釘在十字架上的那一群人不是別人，而是兩千年前大家覺得最虔誠、最懂《聖經》、最知道怎麼樣來祭祀、親近神的那一群人，《聖經》裡面稱他們為法利賽人跟文士。

現在有一些基督徒，表面上禮拜天有去教會、有在讀《聖經》，表面上有什一奉獻（關於什一奉獻的真實意義，我在後面的章節會再來跟你補充說明）。表面上有做這些事情，但他根本沒有做到愛「人」，愛神可能有，但愛人，不分對方身分貴賤，就算是個掃地的阿姨，她也是個人；就算是大樓警衛、保全，他也是個人。你不會因為他的工作高低貴賤去差別地對待他，這個就是《聖經》要教導我們「愛神、愛人」的真理。

洪漢義弟兄見證

　　有一個人以前是個無惡不作的大壞蛋，他的 14K，亞洲最大黑幫，以前曾經在亞洲這邊是最大的毒品⋯⋯我們開玩笑叫他貿易商，其實就是黑道，專門賣毒品害人，專門開賭場害人，但是現在他已經完全地悔改。這個人就是在書的最後面推薦您看的〈感動見證〉，其中一篇亞洲最大黑幫——14K老大洪漢義（Teddy 哥）的主角。後來我們都叫他洪弟兄、Teddy 弟兄。「毒」跟「賭」就是會害了無數的家庭，家破人亡、妻離子散。這樣子的一個人，竟然有機緣可以來認識耶穌、來信耶穌，最後變成全世界七十家連鎖養生會館的老闆，這是多麼神奇的一個過程。這個見證，你可以掃描下面或是書最後面的QRCode，洪漢義弟兄（Teddy哥）的見證，或者直接上網google，打「洪漢義弟兄見證」，就會找到影片。

　　講完我的媽媽、大哥，現在簡單說一下我的二哥，他是一個模範生，因為他從幼稚園的時候就非常地乖巧，而且是一個天生絕對音感的小孩，也就是學音樂天才型的人物。這樣子的二哥給了我很大的壓力，雖然後來我好像在某一些方面有勝過他、贏過他，但我知道，其實每一個人都有不同的命定，所以你不用跟別人比，從頭到尾你只需要跟自己比。贏過自己、超越自己，這就是最大的勝利。

　　我這樣子的生命歷程，你說跟很多人比起來，或許其實我過得還算滿幸福，有阿公、阿嬤、舅舅、舅媽等疼愛著，以及媽媽很辛苦地帶我們這樣長大、不遺餘力的培養我們，但是在經歷叛逆期時，我也想要去台南。

　　當時我非常羨慕我的大哥，因為我爸爸都不管他，我十分生氣於我的媽媽，因為不寫功課我都會被打，媽媽拿衣架（台語叫衫仔弓），瘋狂卯起來打，小孩被打當然不開心，我曾經想要翹家，要坐車到台南去找爸爸跟大哥，但可惜，翹家的技術不成熟——翹家失敗。那一天回到家很晚，我的三舅跟哥哥在看電視，媽媽好像去唸夜校還沒回家，我就趕快躲到房間、躲到棉被裡。媽媽回家，拿起衣架，猛一陣毒打。現在我知道，因為媽媽擔心，不曉得這個小孩跑哪去了，這個小孩還翹課沒去學校。當時，我是多麼的討厭媽媽，這邊要提醒所有的爸爸媽媽，你一定要跟你的小孩盡量溝通，告訴他：「爸爸媽媽都是愛你的，爸爸媽媽怕你受傷，爸爸媽媽提醒你這個，爸爸媽媽提醒你那個，原因就是不希望你受到什麼樣什麼樣的傷害」。

親愛的天父
孩子坦然無懼來到祢的施恩寶座面前
求祢賜給我所羅門王的智慧
求祢保守正在協助孩子做文字編輯的惟文
求祢保守正在閱讀這本書的每一位弟兄姊妹
讓他們敞開心房
能夠得到祢的恩典
以上禱告
奉主耶穌基督的名求
AMEN

原生家庭的重頭戲

前面講到了我的原生家庭、我的父親、母親、大哥、二哥，接下來講到我的原生家庭的重頭戲——就是我自己！

我是家裡面的老么，這個你已經知道了。因為從小沒有爸爸，讓我有很不一樣的童年，也可以說這是另外一種因禍得福。因為沒有爸爸，當我在寫「我的爸爸」這篇作文的時候，我必須要發揮很大的想像力跟創造力。因為沒有爸爸，在人生成長的過程當中，不管是求學，不管是工作，總想要在人身上找一些依賴。下一個段落開始，我就會開始來分享我在地上的乾爹——Robert，陳希聖老師。

有一個秘密，就是小學一年級第一次月考第一名滿分，如果我沒記錯，好像是四科滿分，但是秘密不是這一個，秘密是在那之後，每一學期月考、每一年級月考，就退步個一、兩名。到了六年級畢業的時候，我大概已經退到十幾、二十名左右，沒有很差，因為我小時候，畢竟三十幾年前，那時候國小一班是有五十幾個人，所以十幾、二十名還可以，還算中上的成績。不過這邊就可以看出來，《聖經》有講：「不是倚靠勢力，不是倚靠才能，乃是靠神的靈，方能成事。」如果你要靠人的智慧，那是非常非常有限的。

> ✝ **聖經加油讚！**
>
> 萬軍之耶和華說：不是倚靠勢力，不是倚靠才能，乃是倚靠我的靈方能成事。（撒迦利亞書 4：6）

剛好這幾天在臉書上面看到，宋達民藝人夫婦，他們現在是一個新的教會——藝之星的牧師跟師母，他們在接受採訪當中有提到，因為覺得自己不配得，因為主耶穌基督為了我們的罪死在十字架上，所以我們更要好好把這個恩典、把這個福音傳出去。這也是為什麼兆鴻老師要這麼認真、努力、積極的透過這本書——《阿爸父為你設計的精品人生》，來跟正在閱讀這本書的你，分享我的生命故事，透過改變生命傳福音的原因。

我國中唸的是私立恆毅中學，其實我們家並不是有錢的家庭，你知道，一個單親媽媽帶著兩個小孩，怎麼可能有多少錢呢？但是因為外婆家，阿公、阿嬤非常疼愛我跟二哥而一直在受教育的過程中資助我們。在我小學六年級要畢業的時候，

老師問同學：「你們畢業以後要唸哪一間學校？」

有人說：「我就唸新莊國中。」

有人說：「我就唸三峽有一間明德國中，可以寄宿學校，住在學校裡面。」

阿公、阿嬤家離學校走路五分鐘，我小時候非常羨慕能夠坐公車回家、上學的人，好不容易忍耐到六年級，逮到機會可以上國中住在寄宿學校，於是我看著三峽明德國中的報名資料，下課的時候跑去跟老師講：「老師，我要唸明德國中，寄宿學校。」我只看到老師看著我，微微笑地跟我說：「不用不用，你阿嬤說，你唸恆毅中學。」晴天霹靂！

恆毅中學放牛班

我阿嬤在地方上算是滿有勢力的人，因為我阿嬤是一個從挑一根扁擔賣菜起家，最後成為新北、全新莊最大蔬菜水果批發商的女人家。在新莊，很多人都認識我阿嬤，當我小學六年級要畢業的時候，我阿嬤的一句話，決定了我要唸的國中——私立的恆毅中學，我真的十分感謝我的阿嬤，感謝她的栽培，可惜我小時候不懂事，沒有好好的唸書。在恆毅中學的三年當中，恆毅中學的分班是智、義、勇、節、信、望、愛，因為是天主教學校，它用天主教裡面重要的幾個字來作為編班的順序。智，就是智能、智力、智慧；義，就是義氣、意義；勇，勇敢；節，節制，這應該是跟聖靈的果子有關係。

剛開始編班，我在義 B 班，因為有智 A、智 B，就是資優班，義 A、義 B 就是往後面一點了，我一開始好像在義 B 班，算是智、義、勇、節、信、望、愛，十幾班當中的第三班，程度算還可以的。因為是私立學校，穿著漂亮的制服，吹著舒服的冷氣，吃著美味的午餐，當時學校還有學生餐廳，我們午餐都要走路到學校後面學生餐廳用餐。

為什麼我阿嬤的勢力這麼龐大呢？因為恆毅中學中午的餐廳，要跟菜商來買菜，因為跟這個菜商合作久了，所以也跟這個菜商買肉、買魚、買蝦。這個菜商是誰呢？就是我舅舅！我大舅。開玩笑地講，在新莊這個地區，我是無法脫離阿嬤跟舅舅的魔掌的，他們的惡勢力非常龐大。

於是我就很認命地讀了三年的私立中學，在這三年的私立中學當中，其實，我功課曾經也不算差，我前面有提過，我媽媽很

捨得花錢，讓我在小學四年級的時候到台北市唸 VIP 偉人美語，從小學四年級到五年級到六年級，唸了將近三年的兒童美語，這也打下了我這一輩子從事英語教學超過二十年的基礎。

4 老師的重要性

智力測驗不及格

當我上國中一年級的時候，發現我英文還不錯，因為很多人還沒有學過英文。這邊再補充一個插曲，當初要考恆毅中學，第一是要智力測驗的；第二，智力測驗之後他會公告一個時間，錄取不錄取，然後再入學。

當時，我的智力測驗好像是不及格。我入學恆毅中學一年級，因為我身高比較高，坐在教室的後面，剛好，旁邊就是後門，後門是關起來的，老師跟媽媽剛好在後門講我的事情，我就隔著門聽到了我的智力測驗不及格這件事情。當時年紀還小，其實不太瞭解什麼叫智力測驗不及格，不過事實證明，當年智力測驗不及格的這個孩子，後來竟然可以唸到博士班，不是倚靠勢力，不是倚靠才能，乃是靠神的靈，方能成事。感謝主一路保佑我。

當時我的智力測驗不及格，不曉得舅舅有沒有動用關係去關說，結果，糊塗蛋的我，竟然忘記報到的日期，雖然有被錄取，但是報到的日期忘記了，沒去報到。這下糟糕了！我不曉得是不是故意的，因為那時候太想念明德國中了，考試不及格，然後報到日沒去，不過你還記得我說的，在新莊這個地方，我外婆、舅舅的惡勢力很龐大。結果我舅舅就去跟教官說了一下，就帶著我，在入學日的那一天，說：「這是我們家的孩子，請教官多多

51

照顧、多多關照」。

　　就這樣，智力測驗不及格的我就進了恆毅中學。進了恆毅中學之後，穿漂亮的制服、吹舒服的冷氣、吃美味的午餐，生活過得滿開心的，但是課業始終沒有起色。從一年級，義B班，智、義、勇、節、信、望、愛，它有智A、智B、義A、義B、勇A、勇B，一路就一直往後掉，掉到勇A班，掉到勇B班，智、義、勇、節，好像男生班那時候就六、七班了，幾乎就是吊車尾的班，也就是所謂的放牛班。在我小時候，還是有這個差別的，因為老師對待放牛班的教學態度，其實就是呈現一個放棄的狀態，這時候我可以來分析有幾種老師的教學模式。

師者傳道授業解惑也

　　第一類老師的模式，就是根本不管你下面在幹嘛，反正，我是領鐘點費的老師，我領薪水來上課，非常克守本分地把該教的課教完，下面聽不聽，拎叨欸代誌（你家的事）。偶爾稍微講一下「要考試了，同學，聽個課，唸個書」，這是第一類。

　　第二類老師，因為下面是放牛班的學生，乾脆課也不用上得太認真，因為上得太認真，他們大概也聽不太懂，也沒有什麼意願唸書，那乾脆大家一起放輕鬆，大家都開心。在恆毅中學唸書的三年期間，我們每一學期都要繳課後輔導費，也就是要留下來，晚上還要再晚自習。在晚自習的過程當中，其實對老師們來講就是一個加班費，有些老師們晚上也會留下來幫我們做晚自習，再上一些課程。第二類型的老師，就是開心型的，我把他簡稱叫開心型的老師，因為大家都開心。開心型的老師就會讓同學

們自由，自由的意思就是你愛看書、不看書隨便你；你愛坐著看、躺著看、趴著看，隨便你；你愛睡覺、不睡覺，隨便你；最誇張的是，你愛坐著睡、躺著睡，還是隨便你。這時候我對晚自習最深刻的印象就是：漢堡滿好吃的！

當然，我還是要為這一部分的老師平反，還是有很多的老師，像當時我記得有一位杜老師，杜天佐老師，他是我在國中三年級的時候的數學老師，也是班導師。還有一位金老師，名字我已經忘記了，是物理學的老師。這兩位老師對我們都是非常好，不管我們是不是放牛班，他非常關心每一位學生。廣義的來講，這兩位老師對我來說，他們就是基督徒，因為他們做到了「愛人」這一件很重要的事情。儘管學生的成績不一定很好，但是他們盡一位老師的本分，來關心好每一個學生。

在恆毅的三年期間，因為媽媽讓我小學四年級去台北市讀三個月八千塊，學費極貴的補習班，所以恆毅中學一年級的時候，我的英文是特別好，事實上，從一年級到三年級，我的英文都是八、九十分，想當然耳，我也是英文小老師，也就是因為這樣，奠定了我對英文的興趣和基礎。

所以如果你現在是爸媽，你一定要對你的小孩盲目地鼓勵、盲目地投資，當然這是比較誇張的說法。我真正要表達的意思是，你一定要鼓勵你的小孩去追求、發展他有興趣的科目、事物、興趣、嗜好都可以。誰知道現在有一種職業叫做 YouTuber，每天拍影片就有人看，然後就給你按讚，然後你就能夠賺錢，你可以代言、拍廣告，甚至成為網紅，也沒有人知道十年後兆鴻老師五六十歲的時候，這個世界又變成什麼樣了。

親愛的爸爸媽媽們，我現在自己也是在當爸爸媽媽，我自己

的成長歷程提醒我，我是一個沒有爸爸的孩子，但是我的英文很棒，可以當英文小老師，這對小時候的我是一個很大的鼓勵。

我國中二年級時當英文小老師，又當了學藝股長，事實上我在國中一年級的時候還當過一學期的數學小老師，想起來真的是不可思議。因為 VIP 偉人美語，在小六升國一的這個暑假，請了一位台北市南門國中，很有名的數學老師，他的姓很特殊，好像姓佘，佘老師數學教得很棒，用很簡單的口訣就可以讓我們瞭解數學的關鍵點，並且考試都一百分。所以小六升國一的這個暑假，我的數學在第一個學期都是九十幾、一百分，老師當然就選我當數學小老師。

殘念ですけど（殘念的是），後來碰到的數學老師叫做李老師，因為這不是好事，名字就別講出來吧！那時候她有一個匿名，叫做二十一分，如果是被李老師教過的學生應該知道為什麼她叫二十一分。李老師很認真，但是她是一位剛從大學畢業的女老師，滿腔熱血，但是不懂方法。李老師拿著教鞭很兇的上課，希望我們很認真地學習。

在我教學二十幾年的生涯當中，我常常在跟老師們做師資培訓的時候，會講兩個重點，其實教學真的很簡單，第一個重點：student interest，學生要有興趣；第二個重點：learning out come，就是學習要有成效，學生要有興趣，這樣學生才會有動力學下去。Learning out come，學習成效，這樣爸媽才會繼續繳錢。我講的是尤其在強烈競爭的語言中心補習班，補教界的話，是絕對必要的。

在我國一的時候碰到這位李老師，讓我的數學從九十幾一百分，一路開始降落，到八十分、七十分、六十分、五十分，到後

來都考不及格，怎麼可能繼續當數學小老師？我就沒辦法繼續當數學小老師，但是可能我那時候偽裝的還不錯，滿乖巧的，大部分的導師都選我當學藝股長，因為我的國文不錯，英文也不差，國文為什麼還不錯呢？因為從小訓練想像力、創造力嘛！英文為什麼不錯呢？因為媽媽讓我小學四年級就去讀英文補習班。

　　我在恆毅的三年的期間，國文好、英文好，其他都不及格。這個就是很有趣的，你說一個孩子如果笨，那他國文、英文怎麼可能好呢？他如果不笨，那他其他科怎麼不好呢？這個完全就是student interest，就是學生的學習興趣。

　　這裡我要講一個很重要的關鍵，就是老師。老師很重要，老師在講有沒有在聽（甩筆的動作）！老師很重要，但是當然不能完全怪老師，所以孩子碰到什麼樣的老師，其實會受到很大的影響。

親愛的天父
請祢賜給全天下的老師所羅門王的智慧
求祢賜給所有全天下的老師們主耶穌基督的愛心
讓聖靈來感動全天下的老師們
讓全天下的老師們能夠帶領學生們走每一條適合他們自己的道路
以上禱告
奉主耶穌基督的聖名求
AMEN

5　倚天劍與屠龍刀

　　看到這裡的你，或許會覺得：「**兆鴻老師啊，寫書寫到一半，為什麼要一直禱告呢？**」因為對於基督徒來講，**基督徒有一把倚天劍、有一把屠龍刀，基督徒的倚天劍就是禱告**，禱告就是你跟神說話「**那兆鴻老師，我可以跟神說話，那我怎麼知道神在跟我說話呢？**」很簡單，讀《聖經》，就是神在跟你說話。

　　基督徒的倚天劍叫做禱告，基督徒的屠龍刀叫做宣告，宣告就是我宣告我會考上公職人員、我宣告我會面試通過、我宣告我要百萬年薪、我宣告我要傳福音給一百萬人……等等。這是在商業上、在個人生涯規劃上，我們叫做目標設定（Goal Setting）在基督徒而言叫做宣告。剛才我講到宋達民已經被按立成為牧師，他說：「我宣告我們要成為藝人的福音。」這種宣告是很有威力的。

　　也就是你用正向的態度、正向的思考模式，去面對你未來的目標跟計畫，因為思維定行為，行為定作為；格局定佈局，佈局定結局。這兩句話很簡單，但是其實很深奧，也是為什麼有人成功、為什麼有人失敗的原因，因為你的思想就決定了一切。如果有興趣你可以去看一下《秘密》（Law of Attraction，吸引力法則）這本書。

八大智能理論

國中期間我當了數學小老師一個學期，而我當了英文小老師幾乎三年的時間，我當了學藝股長應該也有兩年多的時間，表面上我是一個乖巧的小孩，但私底下其實很討厭唸書。當然我媽媽在這過程當中也很努力地幫我找家教啦，想辦法要提升我的課業成績，但是很可惜的，因為我的學習興趣，成績始終沒有被提升上來，沒有找到目標、沒有動力。當然，最後國中三年級要畢業的時候，就是成績一落千丈，只有兩科好，國文好、英文好。

　　美國哈佛大學教授 Howard Gardner 在 1983 年發表他的八大智能理論，後來已經提升到十大智能還是十一大智能，因為他把「靈感」，超自然的智能也列入。這個部分其實跟基督教講的聖靈是有非常大的關係的，或者跟其他宗教信仰有關。

　　為什麼我國文好、英文好，按照 Gardner 八大智能理論來說，就是我的語言邏輯智能特別強，如果當初有人幫我設定就是「你可以當作家」，現在的我正在寫書；「你可以當老師」，因為善於用語言來做教學；「你可以當業務人員」，因為業務也是非常需要語言邏輯智能，要把產品表達清楚，要把價格講對，最後要成交客戶的心，還有客戶的口袋。

　　我怎麼會知道這件事情呢？因為後來有一個東西叫生命靈動數，這些當然是信基督教之前的事情。在信基督教之前，我有學八字、風水、面相、紫微斗數，還有算生命靈數，因為人對於無知、未知的世界特別有興趣。我的生命靈動數 3，適合當老師、適合當作家、適合當業務人員，搭配 Gardner 八大智能，再搭配我小時候的學習過程，剛好全都不謀而合。

　　我國中的這段生涯，就在放牛班的過程當中結束了。給你猜猜看，放牛班的學生考高中考得上嗎？答案當然是考不上，但是

我剛剛有講，我媽媽盡了很大的努力，她也儘量幫我找家教，那時候剩下一個學期準備要高中聯考，我知道我的國文還不錯，我知道我的英文也還不錯，但其他科都很爛，都不及格。那時候媽媽就問我說：「你要考試了，你有沒有想要加強一下什麼科目，我幫你找家教老師。」那個時候媽媽就找了她幼兒園的一位同事──英文老師 Robert，也就是後來我的乾爹來教我，在下一個段落我會開始來說我跟我在地上的乾爹的故事，Robert。

🕊 Robert 我的英文家教

Robert，他是我的英文家教，他這一輩子總共收過我一次錢，如果我沒記錯好像是三千塊，結果我在Robert他的家住了十年，還蠻划算的！先講回來我自己，國三放牛班畢業，當然高中落榜，但是我有努力啊，最後的一學期媽媽幫我找了 Robert，陳希聖老師，來當我的英文家教，讓我的功力大增。我本來英文就不錯，Robert 又幫我重點摘要，讓我在英文方面進步更多。後來考試，英文、國文都不錯，當然其他科還是不及格，高中落榜。

當時我還有上過一陣子的畫畫課，因為 Robert 在補習班教書，那補習班有一位畫畫老師，叫做 Phoebe，Phoebe 是教畫畫的，我有上過Phoebe老師的幾堂課。我還有一位畫畫老師叫做林進平，林老師是輔大應用藝術系的學生，當時我也找他家教了一陣子。我的乾爹 Robert，那時只是我的英文家教老師，他還幫我找了交通大學高材生、交大物理研究所博士班的一位老師，教我物理、化學這些理科的東西，還有數學。我的理解力非常強，他教我的當下我都可以講得頭頭是道，可是我對數理方面的記憶力

非常差，所以一上完課走出門，就忘光了。

意外的「復興漢」

就在這樣的狀況下，我當然沒有考上高中，因為當時是想要考高中美術班，但是考上，沒考上之後有兩個選擇：一，去唸重考班；二，我的家教老師，後來的乾爹——Robert，建議我媽媽應該要讓我去讀高職，後來我就去考永和紅外套那一間，人稱「復興漢」。永和復興商工廣告設計科，後來非常幸運地考上了，因為高職嘛！學科要求沒有很高，我是經過補習的小孩，所以我的學科應該算考得還不錯，術科也還不太爛，就順利錄取了。

在永和復興商工廣告設計科，當年我隔壁班的同班同學有一位名人叫做張震，沒錯！就是演《臥虎藏龍》的演員張震，後來還演了非常多的電影。有一位現在還常常在黃子佼（佼哥）的廣播節目上出現的藝人，叫做蔡燦得，是我復興商工的學姐。

我在復興商工的三年，每一學期都是全班的第一名，為什麼呢？因為沒有人在唸書嘛！只有我在唸書，所以我是三年全班的第一名，三年畢業的時候，我是全校廣告設計科第二名，也就是全校廣告設計科的前三名。

聰明的 SMART 法則

這邊我要補充一下，什麼叫做目標設定的重要。因為就連哈佛這樣子第一等的世界有名的名校，他的 MBA 畢業生，有一個調查顯示，只有百分之十幾的人，在畢業的時候做的目標設定，

大部分的人，百分之七、八十的人，過了十年二十年之後，沒有太大的成就，但是這百分之十幾的哈佛 MBA 的畢業生，他們十幾、二十年過後，通通成為各個領域、甚至政治界的領導人、佼佼者，這就是目標設定的重要。

我剛剛講，我在國中就學的期間，因為沒有人幫我設定目標，沒有目標、沒有動力、沒有方向，後來我進了永和復興商工廣告設計科，變成了「復興漢」，變成復興漢之後，我的乾爹 Robert 每天都給我洗腦。（所以 brainwash，洗腦是非常重要的）他每天都給我洗腦，洗腦什麼呢？

「Gary，你不可以只有復興畢業」

「Gary，你不可以只有高職畢業」

「你一定要唸大學、你一定要唸大學、你一定要唸大學！」

因為他每天這樣給我洗腦，我也不知道為什麼就這樣被他洗腦成功了，甚至他還給我一個目標，他說「當你唸完大學之後，你應該要出國唸書！」哇！出國唸書！這是多麼遙不可及的一個目標啊！我是一個高中落榜、考不上高中的學生，竟然有一個人跟我說，以後我可以出國唸書，你就知道，宣告、目標設定的力量是非常龐大的。我在永和復興商工廣告設計科就讀的期間，學校的文科課業真的是太簡單了，但是復興商工的術科作業當然是萬分不容易的，我在高二的時候，去南陽街開始補習，高三畢業，全科準備要考大學聯考。每天五點半下課，六點半從板橋火車站，我的乾爹 Robert 接我，坐上火車，到南陽街去補習，補到九點半、十點下課，坐火車回板橋，他去接我，然後再回家開始做作業。

在這個過程當中，一路都是我的乾爹 Robert 在陪伴我，你想

看看，在我幼小沒有爸爸的心靈當中，Robert，我的乾爹的出現，對我來說是多麼地重要，他陪伴了我就學期間最重要的十年。這也是為什麼後來我在英國唸碩士班的時候，我的乾爹猛爆性肝炎發作，當時，我的學位並還沒有唸完，我跟我的指導教授說：「這個人對我來說非常重要，學位我可以不要，但這個人我一定要回去看他。」感謝我當時在英國的指導教授，他非常支持我，說：「好，你回台灣，論文我幫你想辦法，看怎麼協助你，一定要盡力完成學位、完成論文，取得畢業證書。」後來非常感謝這位 Ludmilla Jordanova 教授，我順利的取得了英國碩士學位畢業證書。

6 「一日為師，終身為父。」

在復興的三年，有幾位老師對我有很大的影響，人家說「一日為師，終身為父。」你會發現，因為我從小沒有爸爸，所以我對老師的依賴特別強。在復興商工一年級的時候，有一位汪鼎芳老師，他剛從奧地利唸完織品藝術方面的碩士回到台灣來，剛好帶領我們這一群乳臭未乾的孩子。她非常有愛心，也一路給我們很多指導，一直到現在，我的手機 line 群組，還有我們復興商工廣告設計科的群組，跟汪老師都還保持著聯繫。好的老師帶你上天堂，不好的老師帶你住套房，不要講下地獄這麼嚴重。感謝汪鼎芳老師。

還有一位攝影達人阿達老師，他是屬於樂天派、放鬆派的老師；另外一位對我們產生很大的影響的，是一位很兇的老師。這位老師現在還在指導很多的學生參加技能檢定、技能競賽，他是全世界的第三名，他教出的學生是全世界技能競賽的冠軍，這一位老師對我們的影響也非常大，因為在我們唸高中那個時代，老師可以打人的、踹人的，現在如果老師這麼做，明天立刻上報紙了。

當時他非常嚴格地在審查我們做的作業，一個不開心、一個不喜歡，就把作品撕掉、踹掉，就把學生打巴掌，眼鏡都打掉，然後用腳踹出去，他當時是非常兇悍的主任，也是非常有名的老師。但是，因為有些思想上的偏差，我剛剛好像沒有講名字嘛，所以現在講這些沒有關係。什麼叫做思想上的偏差呢？當我們高

中三年級，他當導師來帶領我們的時候，他問我們一個問題，有一天早自習的時候，他說：「同學們，我們思想犯罪算不算犯罪啊？」大家當然七嘴八舌的在說，有人認為就算犯罪，有人就認為不算犯罪。這位老師說「當然不算犯罪啊！因為我沒有真的犯罪。」現在我要告訴你，按照《聖經新約》的說法，思想犯罪，就是犯罪，那個就是撒旦魔鬼要見縫插針，為什麼我要這樣講呢？因為後來這位老師很不幸地，因為在學校有性騷擾學生的事件，後來被另外一間學校解雇了。

《聖經》有說「一生果效由心發出，你一定要保守你的心。」當年這位老師教我們思想犯罪不算犯罪，其實是天大的錯誤，思想犯罪就是最大的犯罪，記得你要保守你的心，你要活出聖潔，你要透過生命改變，來傳福音。

聖經加油讚！

㉓你要保守你心，勝過保守一切，因為一生的果效是由心發出。（箴言 4：23）

這也是我在受到聖靈感動，被天父自由醫治、釋放給予恩典之後，每一天提醒我自己的。其實這個講法跟儒家有點像，儒家說：「君子慎獨」，獨就是獨自一個人，君子要小心自己一個人的時候，因為自己一個人的時候，最容易做一些壞事，因為沒人看見嘛！所以，在復興商工，這一位老師的錯誤教導，讓我後來有非常大的感悟。

一生果效由心發出

在復興這三年，真的學到非常多的技術，因為它是職業學校，素描、水彩、國畫、書法，這是基本的，我們還會刻印章，篆刻，刻石頭，攝影、廣告設計，做很多的海報、文案撰寫等等。在復興的三年，真的很紮實地學了非常多的功夫，「塞翁失馬，焉知非福。」沒有考上高中，高中落榜，來復興商工就讀後，學到了許多。

在復興其實有另外一種班，叫做美術實驗班。美術實驗班的意思就是，他們三年唯一的目標，就是要考上大學的美術系美術班，但是後來，一切天父自有安排，我雖然不是復興商工的美術實驗班，我卻是當年應屆畢業生當中，廣告設計科，應該是唯一一個應屆考上大學的。因為在職校，大部分的人都沒有在唸書，學科都很差，職校畢業的學生都知道，畢業之後術科很強，但是學科很差，都必須要到南陽街補習一年，才能夠順利考上大學。

但是你別忘了，我可是從高中二年級，我就已經在南陽街補習了，皇天不負苦心人，我在高三畢業的時候，就能夠順利考上應屆大學。這個你要說「天公疼憨人」也好，你要說皇天不負苦心人也好，英文叫做「No pain, no gain.」因為我在高二就補了總複習班，高三又補了英文、數學科，後來用很低的分數，應屆考上板橋大觀路，以前叫國立藝專，後來叫台灣藝術大學，也就是知名國際導演——李安導演的母校。

當年我應屆考上台灣藝術大學雕塑系，我心裡想說，我這輩子可能要去雕蔣公銅像、國父銅像，後來我問了汪鼎芳老師，「現在有兩間學校，一間是國立的台灣藝術大學雕塑系，一間是

私立的實踐大學室內空間設計系（Interior Design），請問老師，你覺得我唸哪一間好？」當時汪老師給我一個建議，他說純藝術雕塑系出來，真正純藝術能吃飯的、能活下去的藝術家不多，朱銘可能是其中一位少數。她建議我唸室內空間設計系，有一技之長，另外因為實踐還提供了獎學金，我放棄考上國立的學校，去唸私立的實踐大學室內空間設計系，所以我一年級不用付學費。最後一年級唸完，我還是全班第一名，原因很簡單，因為在實踐還是沒有什麼人在唸書。

我當時已經唸書唸出興趣來了，我的學科都是全班前幾名，再加上我的術科也不差，想當然又是全班第一名。我如果沒記錯的話，全班第一名是有三萬塊的獎學金，但是學校後來沒有給我，因為他可能覺得已經補貼我一年的學費，沒有收我學費，還要倒貼我獎學金，實在是太不划算了！

這個故事告訴我們，學校不要為了要省三萬塊，被學生記一輩子，因為我現在還記得，學校沒有給我獎學金，哈哈！我要講清楚，學校有給我一學年學費的補助，但是，沒有給我第一名的獎學金，校長聽到了，趕快轉帳給我（開玩笑的）！

實踐「滅絕師太」

唸了實踐室內空間設計系一年之後，考轉學考，轉進政大哲學系，這又是我人生一個非常大的轉捩點。在實踐室內空間設計系的一年，真的學習到非常非常多，因為我碰到了安郁茜老師。安老師是很有名的建築師，她的教學方法非常的創新，舉個例子來說，她讓我們去畫學校的空間，他最喜歡講的口頭禪就是「空

問在哪裡？」

因為我們是室內空間設計系。安老師就讓我們去找學校的一個角落，什麼建築物都可以，在一個角落把它畫下來，但是畫的時候，是蒙著眼睛畫的，所以你畫得歪七扭八，不曉得在畫什麼東西啊，畫了一張鬼畫符出來。接下來，打開你蒙眼的布之後，她說，這個東西是一個雕塑品投影出來的影子，看到這裡不曉得你聽不聽得懂？老師說你畫出來的這個鬼畫符，是這學期你要做的雕塑作品，用紙做的雕塑作品，打燈光之後投影出來的影子，有聽懂嗎？也就是我們要逆向工程、逆向思考，怎麼樣做出一個雕塑作品，然後做完之後、打燈光之後，要投影出來跟我們畫出來的東西是一樣的。哇！這是一個多大的震撼、多大的創意啊！

我在實踐就讀的一年當中，接受了非常大的創意思考訓練，感謝安郁茜老師。也就是因為這樣，後來在我英語教學的二十幾年當中，可以有很多的創意，因為我的右腦被很大地開發，後來，左腦到了政大哲學系，又被極度地使用，成為一個左右腦極度開發、融會貫通的人。可能是因為這樣，用腦過度，所以頭髮都掉光了。

為什麼我說一切天父自有安排？我在復興商工目標考大學，我是應屆考上大學，而美術實驗班的上一屆的學長，有好幾位，他們經過了一年的補習重考，跟我同年考上了實踐室內空間設計系。其中有一位現在已經是極度知名的建築師，阿彭；還有一位叫阿偉，阿彭跟阿偉，都算是我在復興的學長。然後跟我應屆一起考上實踐室內空間設計系。

在實踐的生活非常的有趣，但也無比痛苦，因為老師給作業給得極多，復興畢業的都知道，原來以為復興是地獄，結果復興

是天堂，因為真正的地獄在實踐。

實踐室內空間設計系，現在已經改制為五年的建築系，真的是非常地操，我曾經一個禮拜沒有回家過，我媽媽禮拜天衝到學校來，想要證明我的小孩有沒有真的在學校做作業，結果我真的在學校做作業。我還是當年安郁茜老師這一組的組長，安老師有一個綽號，學生幫她取的，叫做「滅絕師太」。她說，「我的要求不高，只有四個字。」我們大一笨笨的，一聽四個字，太簡單了！很開心！結果老師說：「精緻完美。」大家都傻了，滅絕師太的封號是怎麼來的？就是很多人被她死當。你要知道，設計科系一年級被死當，二年級就擋修，二年級死當，三年級就擋修，明年擋修，每學期擋修，他就會唸到五年級、六年級、七年級，甚至八年級，這是很恐怖的事情！所以唸完一年級的實踐室內空間設計技術後，我決定要落跑。

*But Jesus beheld them,
and said unto them, with man this is
impossible; but with God all things
are possible.*

PART 2

色情綑綁的開始

「親愛的弟兄阿,有一件事你們不可忘記,
就是主看一日如千年,千年如一日。」

彼得後書 3:8

1　行行出狀元

　　在復興商工的時候，隔壁班有一位同學名叫張震。在實踐大學室內空間設計系的時候，同班同學有一位阿信，沒有錯，就是五月天阿信！很多人一聽到我講這句話，第一個反應：「蛤，阿信這麼老了喔？」不要這樣，藝人比較會保養。阿信跟我是大一同班同學，後來，我開玩笑得講，實踐大學入學有五十幾位，真正四年順利畢業，十二位，死的死，逃的逃，死的就是被死當的。我有一位同學，後來被當掉，轉去服裝設計。

　　這裡我要幫實踐平反一下，實踐雖然在台灣並不是多有名或排名多前面的大學，但是它的設計系可是世界前幾名的，它的工業設計，全世界前十幾名的學校，這是非常牛逼的（中國大陸的說法）！當年我當小組長，我的組員有被當掉、死當掉好幾位的，有一位後來去唸服裝設計系，之後還是沒有辦法，他就回宜蘭去幫媽媽賣鴨賞去了。

　　在實踐的時候，死的死、逃的逃，我跟同班同學阿信就是逃的，阿信後來去出唱片《志明與春嬌》，而我考轉學考，轉去政大哲學系。轉進政大哲學系之後，過著天堂般的生活，哲學系的教授基本上不太管學生的，因為哲學系是一個閒雲野鶴的科系，你愛唸書就唸書，不愛唸書，沒人管你。原本我以為國立大學的學生應該是天天都很認真唸書了，後來發現不是！這個很抱歉，基督徒要愛心說誠實話。

　　到了政大哲學系，我上一屆的學姊，叫做陳綺貞，因為她出

唱片《還是會寂寞》，後來變成同班同學，再之後有沒有畢業就不知道了。你說巧不巧？實踐大學室內空間設計系的同學阿信，政大哲學系的學姊陳綺貞，這兩位後來是不是「一二三，牽著手，四五六，抬起頭」，他們一起上哪裡？上月球了嘛！他們兩個有合唱這首歌。

講到陳綺貞學姊，之前對於陳綺貞學姊的印象都是文青、有哲學思考、有創作、有音樂才能的一位學姊，很不幸地，最近在報紙上看到新聞，學姊跟一位有婦之夫有婚外情、不倫戀情。事實的真相我們不知道，真的，所以不要任意的去論斷別人，這也是《聖經》裡面說的：「你們不要論斷人，免得你們被人論斷。」因為我們人是有限的，所以常常看的角度往往是單面向的。當你瞭解一件事情比較多的面向之後，你就會發現，原來你自己的理解是多麼的有限，原來你是多麼的愚昧，原來你是多麼的不體諒別人。

聖經加油讚！

①「你們不要論斷人，免得你們被論斷。②因為你們怎樣論斷人，也必怎樣被論斷；你們用什麼量器量給人，也必用什麼量器量給你們。（馬太福音7：1）

陳綺貞學姊的這個新聞事件，事實怎麼樣我們不知道，不過，如果學姊有機會的話，趕快來教會，來認識我們親生的阿爸天父，當你認識了親生的阿爸天父，你就不會只追求在這世上的金錢財富、健康，而會追求來世、永生，到天堂這樣的世界，為什麼基督徒不怕死？因為死了更棒！他們為主殉道，可以得到天

堂永生生命。

🕊 不要論斷人，免得被論斷

有一位跟我很好的同事，我要跟他道歉，因為以前我不理解，為什麼他上課一定要戴著口罩，他說怕被學生傳染感冒，我笑他說：「會中就會中，不會中就不會中。」幹嘛每天要戴著口罩，多辛苦啊！

經過了這十幾年，我都一直認為，我是對的，他是錯的，結果前一陣子我在他的臉書上面看到他寫出小時候的故事，小時候他爸爸，就是被別人傳染了流行性感冒，沒有幾個禮拜，就併發肺炎死掉了。嚴格來講，他跟我一樣是一個沒有爸爸的小孩，看到他臉書發的這一篇內容，我非常難過，而且我終於能夠體會為什麼他到現在都還每天一直戴著口罩，因為他心中覺得自己是個沒有爸爸的小孩。由於這是人家的隱私，我就不要把名字講出來，我來為這位同事禱告，希望他有機會能夠認識我們親生的、親愛的天父，知道他是尊貴、被愛、有價值的，宣告、禱告、斷開他爸爸得到感冒、併發肺炎死亡的詛咒。

為什麼他會每天戴口罩？第一，因為爸爸得流感、得肺炎死掉，這個陰影在他心中，一輩子揮之不去；第二，他承受了從小沒有爸爸的痛苦；第三，他每一天藉由戴口罩的這個儀式，來紀念、來懷念他的父親。

這個跟一部電影演有一點像，叫做《送行者，禮儀師的樂章》，如果你有看過的話，就大概能夠明白，它裡面演的也是父與子，這個爸爸從小拋家棄子，他的兒子從音樂家變成了送行

者。最後這個兒子送到了他的親生父親，他從小就極度討厭親生
父親，不想見他的親生父親。但是他在為親生父親送行的時候，
當他打開父親的手，冰冷的屍體，手中握的是幾顆石頭，這位送
行者哭了，因為他對他爸爸唯一的印象，就是小時候，爸爸帶他
到河邊去撿石頭。你有沒有覺得這個跟我對爸爸的印象很像？我
對爸爸唯一的印象，就是吃蛋捲，用報紙捲起來吃蛋捲的屑屑。

我從哪裡來？

　　當我唸了政大哲學系之後，原本忙碌的設計學系學生生涯變
得非常的清閒。因為我的乾爹Robert開的補習班正在起步，從我
國三的時候開到我大一，哇！這樣子想起來也開了五、六年的期
間了。我國中三年級，就當電話輔導老師，「Peter, take out your
book. Turn to page 5. Repeat after me.This is a book.That is a dog.」就
這樣開啟了教英文的旅途，英文教學的底子是這樣奠定起來的。
我再次強調，興趣很重要。到了政大哲學系，開始有空可以教英
文，當時一個月大概可以賺五萬多塊的薪水，因為星期一四、二
五、三六，我都有兩班的兒童美語的學生可以教，原因不是我很
厲害，而是我乾爹是老闆。我的人生真的很有趣，充滿了挑戰，
也充滿了恩典、福氣。一路走來恩典滿滿，感謝天父，感謝我的
乾爹 Robert。

　　在政大的三年，我有了特別大的空間，不只每個月可以賺五
萬塊，每天還可以在學校的圖書館——中正圖書館，唸我喜歡的
書。花了三年的時間，把所有我喜歡看的書都看了一遍，從中正
圖書館一到四層樓，還有地下B1，工具書、電腦、資訊、網站、

軟體通通翻了一遍，這個對後來我到英國唸書有很大的幫助。

但也是在政大的這個期間我突然有了自殺的念頭。人真的十分有趣，你說痛苦想自殺那就算了，偏偏是在我在政大唸書的時候，其實是非常開心的，因為我可以自由地在學校看書，沒有人管我。這個期間我也看了很多的電影，因為當時政大中正圖書館的四樓有一個視聽室，視聽室有非常多的錄影帶、還有後來的DVD，這些DVD用學生證來借通通不用錢，我常常一整天就在學校的視聽室看我喜歡的電影、紀錄片。後來看不過癮，還跑到台北青島東路，國家電影資料館，憑學生證，一天五十塊，一樣可以坐在裡面一天八小時，看你喜歡的電影，所以那時候偷偷去看了幾部限制級的電影，這又是一個秘密！

色情綑綁的開始

因為學生時代網路也還不發達，那時是頻寬很窄的時期，數據機撥接，下載電影要很久，所以直接到國家電影資料館借來看比較方便，那時候看了很多日本人出的，算是限制級、暴力美學的電影。後來在政大哲學唸書的這幾年，每個月可以賺五萬塊，可以盡情地看書、看電影。講到電影，我又要講一個我內心最深最深的秘密，就是很有可能是因為看了這個限制級的電影，然後又沒有人能夠問、能夠教導我正確的性知識，後來對A片、對色情片就有一種莫名的著迷。

我相信有很多人現在還陷在這個A片、色情片的裡面，為什麼呢？因為網路極度發達，網路上你隨便一搜尋，就有看不完的A片、色情片，表面上看起來好像沒有什麼關係，無傷大雅，但

我要告訴你，我親生的經歷，為什麼我要這麼盡全力透過生命改變傳福音，寫這本書來送給我親愛的阿爸天父，因為他讓我原本陷在A片、色情片裡面，到現在完全可以斷開，完全不用看任何的色情片、A片。

你或許會說：「兆鴻老師，真的嗎？你在路上都不看妹了嗎？」我跟你講實話，會看，但是，我們會從《聖經》的教導當中知道，思想的犯罪就是犯罪，我們基督徒要活出聖潔，要透過生命改變傳福音。世上所有的一切都是天父所造，天父喜愛美好的事物，包含美好的人，所以帥哥我也喜歡看，美女我也喜歡看。但我們知道，大概就是孔夫子說過「發於情，止乎禮。」其實孔子我認為他是個不折不扣的基督徒，因為他時常提到上帝——「天公伯啊」，其實就是我們親愛的天父，天父阿爸。

基督徒都知道人有很多的軟弱，當我在政大唸書的時候我碰到的軟弱就是，每個月可以賺五萬多塊，我可以盡情地看我喜歡的電影、看我喜歡看的書，但是我的生命卻覺得很空虛，無法得到滿足。當時唸大學其實還是心智很不成熟、不穩定的時候，所以當我看到了尼采、叔本華，這種比較負面、消極的哲學，還有德國海德格的存在主義哲學——人從一出生就一步一步邁向死亡。我心想那我乾脆死一死算了。前面有提過，後來我被孔子救了，因為孔子說：「天行健，君子以自強不息。」所以最後我決定不死了，要不然現在你也沒有這本書可以看了，感謝天父。

當時日本有一本書很有名，叫《完全自殺手冊》，為什麼日本的年輕人會約一約，一群人就一起死一死、一起自殺了呢？那個就是生命存在著虛無感，這個就是《聖經》，基督徒提的「人性軟弱」，因為撒旦惡者是來殺害、偷竊、毀壞，無所不用其

極，想要把你給毀掉，只要你不親近我們的天父阿爸、不跟從我們的主耶穌基督、不受到聖靈的感動，他就有機會毀掉你這個生命、毀掉你這個靈魂。以前懵懂未知，一路摸索，現在，感謝親愛的天父，感謝我們的阿爸天父，我終於知道，我是尊貴、被愛、有價值的，我們每一個人，都有每一個人的命定。李白說：「天生我材必有用，千金散盡還復來。」你一定要找到你的命定、你的才能，不然千金散盡還不來。

　　我在政大哲學看起來表面光鮮亮麗，月入五萬塊，又唸國立大學的期間，竟然是我這一輩子最想要自殺的時期。所以親愛的，我要跟你說，你要趕快來認識我們親生的、親愛的天父，你是王子，你是公主，你是尊貴、有價值、被愛的。

2 人間乾爹 Robert

前文有提過，會認識我的乾爹 Robert，是因為我在國三要考高中聯考的時候，媽媽找了她在幼稚園任教的英文老師來教我。Robert 是師大音樂系畢業的，後來到義大利米蘭去進修聲樂。在進修的過程當中，曾經出過一次車禍的意外，他身上穿著一件 Valentino（范倫鐵諾），很貴的一件大衣，對於窮留學生來講，那一件一萬多快兩萬塊的大衣真的是十分的貴。他說他騎摩托車出車禍的時候昏迷了，昏迷之後被救護車送到醫院，當他被救護車送到醫院去的時候，突然有一個瞬間他醒過來，為什麼醒過來呢？因為護士就一直叫他說：「先生先生、先生先生，這個大衣可不可以把它剪開？」哈哈！你知道，對一個窮留學生來講，一件一、兩萬塊的大衣，突然有人跟你說要把它剪開來，這是多麼大的衝擊。所以那時他就突然醒過來了！說：「不行！不行！不行！不行剪開！」

我講這個故事的用意是要告訴你，這就是 Robert 常常跟我們分享的故事，當他的學生是非常開心的一件事情，因為在課堂上他會用很多實際生活的小故事來表達他的幽默，而且上過 Robert 的課程的學生應該都會有一個感覺，就是事半功倍。他有很簡單的口訣，譬如說「ininin，月季年」ininin 就是介係詞 in，用在月份、季節、年；「on，天天」on 用在天，星期天 on Sunday，on the day，on the date，在日期的天，所以「ininin，月季年」、「on，天天」、「at 歲／家／時間」，at，at 5 years old，at home， at 10 o'clock。透過這樣簡單的口訣，學生們就可以很快速的學會在上課當中要學會的學習重點，考試拿到高分。

學習成效是家長要的，學生的學習興趣是老師們應該要放在第一要務的。Robert是一個非常受到歡迎的老師，只可惜後來猛爆性肝炎，在台大住了幾個月就走了。事實上我從英國趕回來之前，有偷偷回來台灣一次，那一次他是在新北市新莊，現在叫台北署立醫院，以前叫省立醫院的病房，那一次還跟他有說有笑，因為他意識還非常清楚，我還帶了一些英國的禮物回來給他。可惜到了下一次，我再趕回來的時候，他已經是陷入昏迷，在台大的加護病房裡面，每天早上可以進去探望半小時，晚上可以進去探望半小時。

你現在上網查「陳希聖老師」還可以查到他的新聞，當時他在台大的主治醫師，就是現任的台北市長——柯文哲，柯市長。柯市長真的是一個很好的醫生，但是，站在家屬、家人的角度，真的很難接受，柯醫師當時說：「他就是個活死人，機器拔掉，他就死了，急救對他來說沒有意義。」我相信柯市長，柯醫師當時講這個話，他是沒有惡意的，不過如果考慮到家屬的心情，我相信柯市長應該⋯⋯會用另外一種方式來做這樣的表達。

為什麼醫生、護理人員需要這樣冷冰冰呢？因為他們需要表現他們的專業，這不能怪他們，如果他充滿感情去對待每一個病人，有時候他就很難下刀、很難打針，這是我一個當好幾年護理師的學生告訴我的。她說他在某大醫院兒童病房，剛開始進去的時候，都不曉得要怎麼抓住這個小baby，就是不到一歲、幾個月的小baby，身體有狀況需要打針，她就問這個護理長，怎麼樣能夠快速有效讓他們打好針，護理長只講一句話就是「把他當成一

個東西，不要把他當成一個人。」果然後來她就練就了一生的好功夫，這是感情的抽離，不過我這邊要補充一句話，人如果沒有了感情，事實上就不是人了。在專業上或許我們有時候需要偶爾感情的抽離，但是作為一個人，「love」愛還是最偉大的，愛還是能夠征服一切的，愛也是最重要的。

天妒英才

那愛是什麼呢？在《聖經》裡面的說法，「Love is God, God is love.」因為天父愛我們，我們是天父用地上的土，按照他的形象塑造出來的。用這個地上的土，也就是泥人，泥人沒有靈魂，於是天父對著這個泥人的鼻孔吹了一口氣，人有了靈魂，這是世界上第一個人——亞當，《聖經創世紀篇》裡面記載了非常清楚。

> **聖經加油讚！**
>
> ⑦耶和華神用地上的塵土造人，將生氣吹在他鼻孔裡，他就成了有靈的活人，名叫亞當。（創世記2：7）

當然我知道，不要說你們，在我自己還沒信主、還沒受洗、還沒有認真地唸聖經、還沒唸神學院之前，我也覺得這根本就是一個神話故事，有點像盤古開天、女媧補天、夸父追日這種古代的神話故事，跟現代的我們應該沒有什麼關係。但是現在我知道，這一切都是真的，因為我們有親生的天父阿爸，阿爸父。

講回來我在地上、人間的乾爹Robert，後來台灣的衛生相關單位（因為他當時是猛爆性肝炎，要找肝臟移植）找到一個五等

親的表哥願意移植給他。但是法規是規定三等親，一直沒辦法動刀，結果在台大醫院病房裡面本來是清醒的（在我還沒回到台灣的時候）一直等到後來我回到台灣時，他已經在加護病房了。等到人在加護病房的時候，台灣的衛生相關單位最後同意鬆綁五等親，但已經來不及了。

不過我的乾爹 Robert，陳希聖老師，雖然他個人的生命犧牲了，但是他成就了後面所有需要器官移植的人。現在衛生相關單位規定器官移植的法規是五等親的範圍，也就是放大到一個比較寬的親屬範圍。衛生相關單位也擔心有買賣器官的現象，如果沒有這種親屬關係的限制，可能在市場上就會用錢來做器官買賣的一個主要的標準，這樣子也不是我們樂意見到的。

我的乾爹 Robert，他在義大利唸聲樂，後來因為沒有錢，就回到了台灣。他在去義大利留學之前，其實就在一個加長住家的頂樓，租了一個頂樓加蓋的小房子，在這個小房子裡面，他就開始教學生英文，他對語言方面的天份也是非常好。為什麼說「也是」非常好？因為我也不錯！當然我覺得他比我厲害太多了，所以我想我們可能都是在八大智能裡面，語言邏輯算是比較不錯的、有一點天份的人。

他來頂樓加蓋的房子教學生的時候，很多學生經過他的教導，英文考試成績就突飛猛進，家長們當然就非常開心，他的學生群就十分的多，當時賺了很多錢，得以讓他完成出國唸書的夢想。但是後來，回到了台灣，他開始教幼兒園。他是師大音樂系畢業的，因為幼兒園通常有風琴、樂器，所以就透過樂器來演奏，帶小朋友唱歌，小朋友很開心，覺得上他的英文課很好玩，又可以實際學到很多的內容，乾爹 Robert 的名聲、名氣就不斷地

往上攀升。

後來他去考了輔仁大學語言研究所，語言研究所是相當難考的一個研究所，尤其是輔仁大學在外文方面是分外出名的，就像實踐大學在設計科系方面是世界有名的。後來他唸完輔大的語言研究所，又考上了淡江大學英語教學研究所的博士班，在淡江大學英語教學研究所博士班的過程當中，也認識了許多的學長、學姊們，有幾位就是台灣很知名的連鎖兒童美語補習班老闆。

在這個過程當中，因為唸博士班的關係，學校也請他到推廣中心、英文系，甚至他之前還在輔大義大利文系也兼過課，不過，也就是因為這樣子到處上課、教課，教了非常多的學生，然後又同時在唸淡江大學的英語教學博士班，就把身體搞壞了。我心裡常常在想，這麼棒的一個人，這麼棒的一個老師，如果可以再多活個二十年、三十年，那是不是可以造福更多的學生，造福更多的人？中文有一句話叫「天妒英才」，我覺得用在他身上非常的恰當，因為他過世時才三十幾歲的年紀，不到四十歲。

詛咒還是祝福

講到這邊，我要插播一個話題，我的乾爹Robert常常跟我講一件事，他說：「我爸爸四十歲肝病過世」，爸爸四十歲肝病過世，他一直跟我強調這件事情。這個在英文叫做 curse 詛咒，或者《聖經》裡面叫咒詛，一般人的想法，「我爸爸四十歲肝病過世」，心裡潛意識的下一句話就是，「那我可能也是四十歲肝病就要過世了」。果不其然，三十幾歲，不到四十歲，這個咒詛就要實現了，你說這個咒詛是真的嗎？我覺得自己嚇自己的成份比

較大。

很可惜，當時我和Robert都還不太認識我們的阿爸天父，如果那時我們可以到教會去走一走，說不定一切都會不同。事實上，Robert是廣義的基督徒，就是以前應該是有受洗過的，但是脫離教會很長一段時間了，很可惜。我現在回想起來，如果當時我們可以去教會走一走，還有一些弟兄姊妹的支持，為我們禱告，我相信Robert現在應該還是活得好好的，因為在教會裡面有太多太多的見證，癌症得到醫治、腫瘤完全消失、長短腿長出來……等見證。

這也是為什麼基督教、天主教裡面常講信、望、愛。信，就是相信；望就是盼望；愛就是我們剛才講的，Love conquers all，愛能夠征服一切，世界上最偉大，在爸媽的行為表現上常常體現出來的愛，信、望、愛。

3　相信、盼望、愛

　　講一下我乾爹的中文名字，耳東「陳」，希望的「希」，聖誕節的「聖」，有希望的聖誕節，他的名字其實就有耶穌的希望，但是因為不認識阿爸天父，或者跟阿爸天父不夠親近，他忘記了，他其實是阿爸天父親愛的王子。如果他記得的話，他可以用基督徒的倚天劍跟屠龍刀，也就是禱告跟宣告，來醫治他自己，來給予自己信念、希望。

　　事實上希望的英文叫hope，在希臘羅馬神話故事裡面有一段講到 Pandora，也就是潘朵拉的寶盒。宙斯為了要咒詛人類，創造了一位絕世美女 Pandora，帶著一個寶盒，裡面放了各式各樣惡毒的東西，要來咒詛人類。最後潘朵拉忍不住好奇心，打開了這個寶盒，讓所有不好的一切全部跑了出來，潘朵拉急忙關上這個寶盒，但已經來不及了。各種瘟疫、毒害、嫉妒、傷害、破壞，就像撒旦，是來傷害、偷竊、毀壞世上的一切，最後潘朵拉再次打開寶盒，在寶盒裡留下了最後一個東西，叫 hope 希望。所以人類不管如何的沮喪、墮落，總是要有希望，這個 hope 是特別重要的。聖誕節的「聖」，又是一個很有趣的故事。我的乾爹陳希聖，Robert，他的生日就是十二月二十五號，他常常跟人家講，耳東陳，希望的希，聖誕節的聖，我是陳希聖。

　　我從英國急忙趕回台灣時，其實並沒有把我的論文寫完，課已經修完了，但是英國是一年三個學期，前面兩個學期上課，後面一個學期寫論文，按照學校規定，應該是要論文寫完才能離開

學校，但是後來我趕回台灣，論文是在台灣寫的，這要非常感謝我當時的指導教授Ludmilla Jordanova，Professor Ludmilla，她現在是大英博物館的委員會的主席，在英國的藝術史圈子裡面，她是相當有地位的。萬分感謝她，因為有她，我的論文可以得以順利完成。我在台灣完成了論文之後e-mail給她，她把它印出來，一頁一頁用紅筆修改，改完整包寄到台灣給我，真的十分感謝Professor Ludmilla。

雖然我的論文順利完成，但是英國的規定是在上完課的當年十月三十一號，如果我沒記錯的話，要交出論文的紙本，交出論文的紙本之後，到隔年的一月份，他們幾位教授會召開審查論文的委員會，這個委員會就是要確定這個論文有沒有符合資格。按照規定，學生可以不要出席，但是你的老師必須為你做一些辯論，還好我當時不是唸博士班，我覺得當時如果我是唸博士班一定是被flunk，就是被當掉。因為也要自己到現場來為自己的論文來辯護、回答問題，還好當時唸的是碩士班，我的教授也對我還不錯，後來就順利通過論文的審查。不過就我剛剛講的，論文審查是在一月份，但是我在十二月份的時候作了一個很神奇的夢。

真有天堂地獄

這個夢讓我不得不相信真有天堂地獄的存在，在我論文審查前一年的十二月，我乾爹的生日是在十二月二十五號，我的生日是十二月二十二號，我們兩個生日中間有一個十二月二十三、十二月二十四。我記得是在十二月二十三號的一個晚上，我在睡覺，夢到我乾爹拿著兩盤披薩按電鈴，然後他講了一句話，他

說：「我們來慶祝吧！」那時候因為他過世一陣子，其實我們都很傷心、很難過、很想念他，那在夢中看到他拿著披薩，按電鈴說我們來慶祝吧！我只想到「太開心了！怎麼能夠再見到你！」那一天在夢中，我印象非常深刻，我們吃完披薩之後我還騎摩托車帶他去逛夜市，逛了一個晚上，隔天起來感覺非常累，因為一個晚上都在吃披薩、逛夜市。

過了好像一天吧，十二月二十四號，我收到了一封英國UEA，東英格蘭大學秘書寄給我的一封 e-mail，秘書說：「Gary，按照學校的規定，一月份才會給你們這個通知，不過我偷偷先告訴你，你的碩士論文已經通過審查了！」這時候我才恍然大悟，Oh！原來Robert是要慶祝這件事情啊！現在想一想，還真的是太神奇了！有可能他是要慶祝我生日，有可能他是要慶祝他生日，有可能他慶祝我論文通過，我的論文就在這麼神奇的過程當中，順利通過審查，後來我也就順利得到了我的碩士學位。

唯一的遺憾，就是之前Robert跟我一起說，等我英國拿完碩士回來台灣的時候，我們要一起在大學教書。這個願望，因為他的過世，已經無法實現了。

第一次分手

人生第一次分手，跟我的乾爹Robert也有很大的關係。那時候，我變成Robert的家教生，常常找理由借住在他家，因為不想待在家裡，這是可以離開家裡千載難逢的機會。

在國三的時候，畢業前會寫一個東西叫畢業紀念冊，不是學校公版的畢業紀念冊，是個人去買一個空白的本子，然後傳給班

上跟你比較好的同學，互相來寫一些畢業紀念的訊息在裡面，什麼鵬程萬里啊、展翅高飛啊，很多祝福的話就對了。不曉得怎麼傳的，在國三的時候，突然，來自樹林某間國中，一個女生的畢業紀念冊傳到了我們男生班這邊，在這個畢業紀念冊當中，通常會寫上姓名、男生女生、興趣嗜好，那時候有沒有電話我已經忘記了，但好像有室內電話。

那時候這個女生應該是姓李，她的資訊在上面，我跟班上一個男生，在傳閱這個本子時很調皮，因為在恆毅中學唸的是男生班，班上都沒女生，對女生特別好奇。我們就看著這個女同學的這個畢業紀念冊，覺得她戴墨鏡的照片看起來蠻漂亮的，我就跟同班同學楊同學，兩個不曉得怎麼了，打了一個賭，他就說：「我們來一人寫一封信給這個女生，然後看這個女生會不會回信。」因為這個男同學他的歷史非常好，我的國文格外好，所以我們打賭看誰的文筆比較好（你知道國三的男生是很無聊的）。他寫了一封信給這個女生，我也寫了封信給這個女生，結果沒想到幾個禮拜過後，這個女生真的回信了，而且是回給我，沒有回給楊同學，事實證明，我的文筆真的比他好。

從此以後，我們班上有兩位，據說有一點道上兄弟家庭背景的同學，其中一位他在班上，大家都把他尊為大哥，あにき，這個大哥聽說我的文筆不錯之後，每天都找我寫情書給他喜歡的女生。也就是說我在國三的時候，就擔任 ghost writer，這個一般叫做文膽，另外一種說法叫做代筆人。這個大哥他當然要保護我，因為我是他的文膽，我是他的 ghost writer，我幫他寫情書給他喜歡的女生，通常回應都不錯，那回應不錯請問誰要再回下去？當然是我啊！所以我又繼續回下去，現在你知道我的文筆是怎樣練

出來的。

　　講到這個女生李同學，後來我們就約在新莊的新泰路麥當勞那邊見面，第一次見面之後，因為我也沒談過戀愛，這個就算是純純的初戀，純純的愛吧。在麥當勞見了一次面後，就是打家裡面的室內電話，因為那時候還沒有手機，應該還是 BB Call 的年代。透過幾次室內電話聊天、寫信就愈來愈熟。

　　在國三快要畢業的時候，家長都很緊張，已經要考試了，你又在那邊談戀愛。事實上我媽媽不太知道，而是我乾爹比較知道，因為後來我就翹家跑到乾爹家去住了嘛，李同學也跑到了乾爹家來找我。乾爹見到了李同學，他並沒有直接說你們現在談戀愛不好啦，反而是很大方的拿了一千塊給我。當時我是一個國三快要畢業的學生，我第一次繳學費繳給我乾爹總共也才三千塊，這一輩子總共繳三千塊學費給他，但是在他家住了十年，超划算！你要想我是一個國三的學生，然後，我拿到他給我的一千塊，他就跟我說：「帶她去吃一頓好料吧！」哇！這一招厲害了，我就帶著號稱當時純純的愛、初戀女友李同學（事實上我現在回想起來好像連手都沒有牽過，果然是純純的愛）回到樹林，她住在樹林俊英街。如果沒記錯的話，我們去吃了義大利麵還是牛排，吃完之後，我對她說：「我要繼續準備考試了。」然後就各自回家。回到乾爹的住處之後，乾爹就非常委婉的跟我說：「你現在要認真地準備考試，如果現在這樣子談戀愛花很多的時間，對你來講並不是一件好事。」我也不曉得為什麼，就這麼聽乾爹的話。當時，跟這個女同學說：「我覺得我要好好準備考試，那我們就先分手吧。」我人生的第一次戀愛、純純的愛，就這樣分開了。

　　這就是第一次分手，當然我乾爹是很負責任的，轉學到政治大學唸哲學系的時候，我比較有空，他就介紹了女朋友給我，如果純純的愛不算的話，這就是真正人生的第一個初戀。不過這個初戀，在我去英國唸書沒有多久後，就聽說她結婚生小孩了，也是一個很慘烈的結局，這個有機會後面另外說。

　　上面補充了兩段，一段是我的乾爹 Robert，一段是第一次分手。再來補充一段，英國唸碩士，還有回台灣考上碩士，以及政大 MBA。前面有講過，我到英國唸碩士一路都是 Robert 他的期望、希望，而我接受他的洗腦之後，也覺得我就是應該去英國念碩士。

4 英國碩士求生之道

　　在政大唸書的時候一個月賺五萬塊，其實我都沒有領，每個月Robert會給我一點生活費，其他的錢都存起來，就是當準備要去英國唸書的錢。我去英國唸書的錢，嚴格來講，我原生家庭並沒有提供我太多金錢上面的資助，反而是Robert在這方面幫助我比較多，讓我可以在他開的補習班來打工。當時在板橋中正路，板橋國中的附近，有一間文鶴美語補習班，文鶴，就跟文鶴出版社一樣的那個文鶴。那時在中正路上，這可是響叮噹的美語補習班，我就是在這邊打工、教英文，然後存錢，後來去英國唸書。

　　在去英國唸書的時候，碰到這一位 Ludmilla Jordanova，Ludmilla教授，坦白講，剛開始真的是痛苦非常，因為開學一個月不到的時候，我就被我們的學院輔導教授約談，約談的重點就是，「你的指導教授覺得你的英文不夠好」，她覺得「你不要浪費時間了，你要不要直接回台灣？」當時我聽到這個消息，晴天一個霹靂！

　　結果，這個男的教授，跟我聊完一個小時之後，卻跟我說：「Gary，我覺得你英文不錯啊！你的指導教授為什麼會說你英文太差，她覺得你應該沒辦法唸完碩士，叫你趕快回台灣不要浪費時間呢？」事實證明，我的英文是還 OK 的，因為去英國唸書要考雅思，我雅思是考八分還是八點五，口說八分，那八分、八點五，一般人聽到，這麼低啊！不好意思，雅思總分滿分是九分，能夠八分、八點五，那個是不得了的高分了。當時考完雅思我也

覺得哇！你看，我雅思成績多棒啊！我英文很棒啊！結果到了英國唸書才發現，雅思的分數，叫做地板，上課需要的語言能力，叫做天花板，天花板和地板，還離了三米二的高度。

也就是說，如果你或你的親朋好友準備到國外唸書，不管他去美、加、英、澳，當他考完托福、雅思，考到不錯的分數之後，他正得意滿滿之時，你就要告訴他：「孩子，這個離天花板還很遠啦。」《聖經》裡面說「上帝阻擋驕傲的人」，《聖經》裡面真的滿滿都是真理，都是很棒的，這些我們可以當作做人處事遵循的依歸。我到四十幾歲才認真讀《聖經》，坦白講，有一點遺憾，有點晚，現在我跟幾個單位開始合作，尤其是教會單位，準備開聖經英文課程，你有興趣的話，可以上網google找公益英語傳教士。

講回來在英國唸書的時候，我的指導教授嗆我，叫我乾脆回台灣，不要浪費時間，我當時跟這位約談我的男教授說：「你給我三個月的時間，我會證明給你看，我一定可以表現得很好。」這三個月，我從早上八點起床，吃個早餐，九點坐在書桌前開始唸書，早上九點唸書唸到至少晚上九點，有時候可能唸到晚上十點，甚至更晚，中午休息半小時吃飯，六點休息半小時吃飯，早上九點到晚上九點，十二小時，吃飯兩次，每次休息半小時，所以一天唸書十一個小時，通通坐在書桌前。

適當壓力激發潛能

當時我還發明了一個很厲害的東西，因為要讀的書真的太多太多了，你要用打字、手寫做筆記，實在是太慢、沒有效率的，

所以我去買了一台 scanner 掃描器，這一台掃描器在二十年後的今天，還在我家的倉庫裡面，是Canon佳能的。用這個掃描器接上我的電腦，這一台電腦是 Acer 台灣之光，當年我出國前去參加電腦展，那一台筆記型電腦要將近十萬塊，我已經從英國回台灣了，分期付款還沒付完，你就知道這一台電腦等級相當高。

這台電腦結合在英國買的scanner，我唸的每一本書，當我唸到某一頁，覺得這一頁是重點的時候，我就掃描。有用過掃描器的人就知道，掃描進去叫做圖檔，可能是TIF、JPG這樣的圖檔。圖檔是沒有辦法搜尋的，我用了一套軟體，叫做 OCR 字元辨識軟體，當時非常紅的叫做丹青OCR，我就利用這樣的工具，然後把重點的頁面掃描變成文字檔。你想一想，全部都是英文的，你在台灣的大學，如果不是英文系的話，一學期，一個科目可能就用一本原文書，老師還會挑裡面的幾個章節來唸，不是整本唸完。

我在英國唸書頂峰的時候是一天可以唸四到五本英文原文書，一本書如果三、四百頁，扣掉圖算兩百頁，五本書就是一千頁，一天要唸一千頁的原文，你想想看這是多大的 loading 負載量。我就用這個掃描器，每一本書讀完就產生一個 Word 檔案，後來我在寫論文的時候，便派上用場，當你要引用任何一本書裡面的重要的句子的時候，我就把這個Word檔案打開，在 Word 檔案裡面可以搜尋關鍵字嘛！這樣就可以很快找到我要引用的那個段落，這一招教給要唸碩士班的同學，非常好用。

就這樣三個月過後，我變成全班第二名，我本來是班上倒數第二名，雖然我們那一班人不多，應該二十位左右，但是倒數第二名也不是很光榮的事情。三個月後，我變成前三名，全班第二名。後來我的指導教授在一位英國本地生的essay（我們叫做小論

文）上面評論幾點，第一點，妳的英文太差！注意，她是英國人喔，像我是台灣人嘛，所以我被罵英文太差那就算了，因為我是老外嘛。英國人被罵英文太差，這位女同學在我們學生餐廳裡面崩潰大哭，她罵那個教授：「這個教授怎麼可以這樣說我英文太差，我是英國人耶！」第二點，妳的專業素養有待加強。我在英國唸的叫做藝術史文學科系，英文叫 Art History and Museology, University of East Anglia，東英格蘭大學藝術史與博物館學系。我是在碩士班才開始唸藝術史，我在政大唸的是哲學系，如果你罵我專業不夠強，我也可以接受，因為我是半路出家的嘛，但是你罵這個女同學專業不夠，她又大哭了，為什麼？因為她在英國三年大學全部都是唸藝術史，她是本科系升上來的，而且是在地的英國人，結果被我的指導教授罵兩件事：一，英文太差；二，本職學能要加強，她整個在學生餐廳裡面崩潰大哭。

嚴師出高徒

從這個事件來看，我就發現，本來以為我的指導教授是針對我，要趕我回台灣，不要浪費她的時間。當初秘書請我們選一位指導教授，拿了二十位教授的名單給我，我是用叮叮叮，童子下山來點名的方式點到她，誰知道啊！點到一個我們學校剛剛高薪從別的學校挖角過來的教授，那一年她當系主任，同時她也當所長，那一年還策劃了好幾場的展覽。

剛開始的時候，我真的超級討厭她，但三個月過後，他開始叫我 lovely boy，英國人很喜歡用 lovely 這個字，當時她已經快六十歲了，我二十出頭，所以她叫我 lovely boy。不是因為我的英文

突然變得多好，而是在學校裡面，我們海外生繳了幾十萬的學費，有一個單位叫 Student Office（學生事務處），海外生如果用英文寫完報告之後，怕自己的英文太差，會被老師改得很慘，可以提前送去這個 Student Office，他會派一個專人幫你改，基本上這個專人是 native speaker（母語人士），就算不是當地出生的，英文也幾乎就是他的母語的概念，來幫我們修改作業。我印象還非常深刻，幫我改的那位媽媽叫做 Veronica，我後來好像有送她花，因為她很認真地幫我改我的小論文，也很喜歡藝術史的東西，我們也會討論一些藝術史。就在這樣的三個月努力過後，我的指導教授終於認同我的專業、英文能力，這也是為什麼後來她會心甘情願幫我改論文，我在台灣寫完論文，然後她印出來一頁一頁幫我改的原因，因為前面我的努力得到她的認同。

這位指導教授我到現在還是非常希望有機會連接資源到台灣，因為她在英國大英博物館擔任委員會的主席，我覺得如果可以來台灣跟台灣的美術館、博物館做一些交流的話，對台灣在國際上的名聲也是會有些幫助的，我已經 EMAIL 聯絡教授，祝我好運。

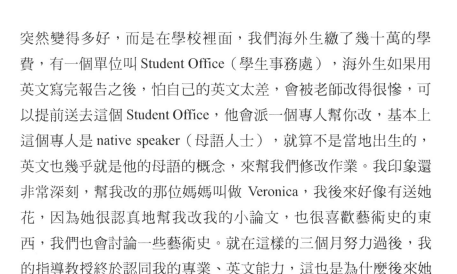 政大 MBA42

講完英國唸碩士，我來講一講就讀政大 MBA 的經歷，政大 MBA 也是個意外，當時比較閒，看到政大在招考 MBA 的學生，事實上我後來還考取了兩所國立大學的教育碩士班，一所是南投的暨南大學比較教育研究所，一所是花蓮的師範學院多元文化教育研究所，為什麼考這兩所教育研究所呢？原因很簡單，因為考

的人最少，這個故事告訴我們「知己知彼，百戰不殆」。

我去南陽街這些專門輔導人家考教育研究所的補習班逛了一圈之後，得到一份非常重要的資料，也就是看到歷年考全台灣教育研究所的人數、錄取率之後，我就發現，花蓮師範多元文化教育研究所、暨南大學比較教育研究所考的人最少，為什麼？因為偏遠地帶，但是我當時要考教研究所的時候給自己一個目標方向，設定目標很重要，我只唸國立的學校，當然我有考師大，一定沒考上，因為不是本科系，競爭激烈。

我為什麼會考上多元文化教育研究所呢？因為我在政大唸書的時候，把中正圖書館四樓視聽室很多的電影紀錄片都看完了，多元文化教育研究所考試的時候（碩士班的考試通常四題，一題二十五分申論題）其中一個題目我猜很多人沒辦法寫，因為他的題目就是，「請問你有看過哪一部紀錄片？請將這部紀錄片用多元文化教育的理論來說明、闡釋紀錄片的宗旨、核心觀念。」我在政大視聽室看了一部片，叫做《蘭嶼觀點》，是台灣一位中研院的教授，所拍的一部紀錄片，講的重點就是台電公司把核廢料放到蘭嶼去，造成蘭嶼很大的生態破壞或者是導致當地居民達悟族的一些生病狀況，我猜我這一題的答案應該讓當時的教授們眼睛為之一亮，因為沒有幾個人可以寫出這樣的答案。一切老天爺自有安排，基督徒會說，一切天父自有安排，因為誰知道，我在政大看的紀錄片，在這麼多年後的多元文化教育研究所的考試當中派上了用場。

那暨南的比較教育研究所是怎麼考上的呢？是我去讀了很多，在國家圖書館，他們各個教授的這個論文或期刊發表的文章。當我去面試的時候，三、四位教授坐在前面，研究生考試、

面試，你坐在三、四位教授的面前的那個壓力是滿大的，但是當我一走進考場，我知道這一位是張教授、這一位是陳教授、這一位是林教授。

張教授在三年前寫過一篇文章，講公共決策垃圾桶理論，當我去面試的時候，如果很清楚每一位教授這兩、三年當中寫過什麼樣的文章，當他問一個問題，我就可以回答他的問題，並且說：「Oh！這跟林教授，您在兩年前寫的這個公共決策垃圾桶理論，是可以一併來做考量的。」這時候教授會覺得怎麼樣？哇！你這個學生實在是太用功了！太優秀了！所以想當然耳，我又被錄取了。

可惜這兩家教育研究所後來我都沒去唸，因為坦白說，我之所以會考台灣的研究所，我已經有英國的碩士了，為什麼要再考台灣的研究所？其實原因只有一個，就是因為我的朋友說：「你們出國唸書的有什麼了不起？學校申請就有了！」所以我就賭一口氣，為了賭一口氣，我就去考了台灣的研究所。

除了考這教育研究所，還有考了政大MBA，考政大MBA的經驗也非常有趣，第一，人家說天時地利人和，當年政大 MBA招收一個丙組，甲組、乙組都是屬於正規企管大學畢業，就是大學唸企管的人畢業要考的，丙組很特殊，要求你要有一個碩士學位，而且規定這個碩士學位不可以是企管相關。當年錄取了很多不務正業的同學，像我就是唸藝術史的，那還有律師啊，會計師啊，建築師啊，還有很多唸奇奇怪怪，不同科目的同學，那一年我們都被錄取進入政大企研所、政大 MBA。

唸政大企研所對我來講是一個很大的憧憬，因為之前我在政大唸的叫做哲學系，哲學系跟歷史系、中文系是在山上校區，也

就是在山上的一個大樓——百年大樓，這個百年大樓感覺真的很像有幾百年，因為他建築物不高，好像四層樓，在山上校區，傳播學院的旁邊，是一個很閒雲野鶴的科系。

　　我到了政大MBA是一個完全不同的光景，因為MBA是商業科系，商業大樓是新大樓，在我們山下的校區，是一棟十幾層樓的新建大樓，裡面的設備、各方面的條件跟百年樓比起來真的是天差地別，有這個經歷、這個經驗，讓我知道，科系的資源是有差的，學校的資源是有差的。那當初設定我只要唸公立的學校就好，考上了兩家公立的教育研究所沒有去唸，考上了政大MBA，有去唸，但是結果也沒唸完。

5 錄取政大 MBA 的秘密

　　我先把我錄取的秘密跟大家分享一下，政大 MBA，筆試當然就是看誰K的書多、寫得好，這個不用多說；面試的時候是很特別的，因為當時我們被帶到一個小辦公室，三、四個同學一組，然後進到這個辦公室面試，準備面試時不可以講話，桌上放了一張紙，是一個圓桌，然後有四張紙放在桌上，四個位置，我們就坐在東西南北四方的位置。

　　進去之後，不可以講話，主考官叫我們看桌上的這一張紙，桌上的紙是一個企管個案，我還記得這個個案是某航空在香港的資料中心被燒毀，請我們從「產銷人發財」各個方面去評估重建資料中心最合適的地點，並給我們幾個選項：一，新加坡，二，香港，三，廣州，四，澳洲雪梨。然後問我們說：要做哪一些相關的規劃？

　　我們花了好像十五到二十分鐘，坐在那裡看這個題目、想答案。當時我已經想完一個架構了，又想，待會我們被帶到面試教授的面前的時候，我一定要第一個舉手搶答，因為如果是第一個舉手搶答，後面的人跟你講的其實不會差太多，而你是第一個舉手搶答，你的分數會最高，其他同學講的很難超越你。當我下定這樣的決心之後，進到小教室，教授第一個開口：「誰……」我就立刻舉手！哈哈！教授話還沒講完，他說誰要第一個回答，我就舉手搶答，教授說「好的，這位同學，你先來回答。」我就從「產銷人發財」各方面，說明了我當時覺得在哪個地方來重建這

個航空公司的資料中心是最合適的。

講完之後你知道發生什麼事嗎？第二位同學就說：「承如第一位同學所言……。」第三位同學也說：「承如第一位同學所言……。」連第四位同學也都說：「承如第一位同學所言……。」也就是說，後面第二位、第三位、第四位同學講的都幫我加了分數。最後，我們這一批進去一起面試的，我是唯一的正取生，其他第二位、第三位、第四位同學通通是備取生。這個故事告訴我們，先搶先贏！**在適當的時機，Timing is Everything，你一定要先搶先贏，才會搶得先機。**

我們來做一個段落結束禱告。

親愛的天父

感謝您賜給我們恩典滿滿每一天

求祢來保守正在幫我們做文字編輯的惟文

賜給她平安喜樂

讓她一切事情，諸事順利

也感謝天父

讓我有這個機會可以來回憶我的人生

也希望我在這本書當中跟大家分享的一切

都可以幫助到更多人

不管他是在人生的道路上感覺迷茫

或者是在求學的道路上不知所措

他都可以不小心透過看《阿爸父為你設計的精品人生》這本書裡面的任何一個章節

就得到收穫、有所啟發

感謝天父

祢是我們唯一的父
感謝主耶穌基督
祢是我們唯一的主
感謝聖靈
祢是我們唯一的老師

以上禱告
奉主耶穌基督的名
AMEN
感謝主
HALLELUJAH

親愛的天父
孩子坦然無懼來到祢的施恩寶座面前
今天是一個下大雨的日子
不曉得幫忙協助文字編輯的惟文那邊天氣如何
但不論是晴天是雨天
甚至是陰天
我們知道天父隨時都與我們同在

求天父來保守惟文
保守路上每一位開車、騎車、走路的行人
都能夠平平安安地出門、快快樂樂地回家
也求天父來賜給我所羅門王的智慧
讓我在繼續進行這本書的內容的過程當中
能夠最完整、最貼切地

把天父對我們的愛能夠表達出來
今天早上非常開心
因為聽了新店行道會張茂松牧師的傳道
得到了一個靈感
就是這一本書或許可以改名成為《啟動幸福人生的密碼：阿爸父為你設計的精品人生》
就是你的人生是放在精品店裡面的
而不是放在菜市場裡面的
因為有了天父的愛
你是尊貴有價值、被愛的

以上禱告奉主耶穌基督的名求
AMEN
AMEN
AMEN

我的道教神明乾爹

　　講到這個神明乾爹，是因為跟著媽媽的信仰，小時候，一個單親媽媽帶我跟二哥兩個小孩，她自己又在進修夜間部，晚上去高中補校上課，為了補足這個高中的學歷，坦白講，生活壓力應該是滿大的。這裡分享一個小秘密，聽說我媽媽在高中補校電子科，那時候的作業都是我三舅把它完成的，在這邊要感謝三舅。就是因為這樣媽媽或許覺得需要一個信仰上的依靠，從小我跟二哥在週末假日的時候有幾個固定的行程活動。第一個固定行程活動就是我的二哥會去樂團練習，因為他從小學鋼琴、學小提琴，

後來是考上師大音樂系，但是我的二哥很有個性，覺得師大是一個八股的學校，這不是我的意見，是當年我二哥的意見。他認為師大是一個學院派，就不想去唸師大，最後就去唸了輔仁大學，並且第一屆的音樂碩士畢業，後來還唸了企管碩士。第二個固定行程，就是跟著媽媽到林口竹林寺拜拜。

我在前面有提到，我們兩兄弟，一直想要藉由在世上的成功來掩蓋我們在心裡面的那個遺憾。《聖經》裡面有講，「不只要積攢在財富、在地上，還要積攢財富在天上，你若贏得全世界，失去了靈魂，那又有何益處呢？」我們人不應該只把眼光放在此生、今生今世，我們應該把眼光稍微放遠一點。一般佛家會講來世輪迴，基督徒是講永生。

永生之道非常簡單，你說我沒空讀《聖經》，沒有關係，其實你只要做到四個字，我已經幫你濃縮好了，前面兩個字：愛神，因為當你敬天愛神，你就不會做壞事，你知道天公伯仔有在看；後面兩個字：愛人。愛人，你就不會害人；愛人，你就可以跟每一個人為善，跟每一個人都相處的很好。既愛神，又愛人，那你這個人一定很成功，老天爺會對你特別好，一般說法叫「寬待你」；《易經》說法叫「積善之家，必有餘慶」；基督教的說法叫「恩典滿滿」。

在我小時候，媽媽可能是因為工作、課業，各方面的生活壓力很大，所以在週末的時候，二哥除了固定去練樂團、我去吃雞腿飯之外，再來就是她會帶我們到林口，林口那邊有一間竹林寺，相信很多住北部的人都知道，裡面供奉的是千手觀音。

求人不如求己

講到觀音，我想到一個網路上的小故事，他說有一個人去拜觀世音菩薩，據說觀世音菩薩是可以應著信徒的需求，變男變女變變變，沒有固定的形象的，一般我們會把他塑造成女性的形象樣貌。有一個信徒去拜觀世音菩薩，拜著拜著突然旁邊也有一個人在拜，他好奇地轉頭看了一下，發現竟然是觀世音菩薩在拜觀世音菩薩！

這下子，這個信徒可覺得奇怪了，上面的是觀世音菩薩，下面在他旁邊、在拜這尊觀世音菩薩的，也是觀世音菩薩，於是他忍不住好奇，就跑到正在拜上面這尊觀世音菩薩的觀世音菩薩的旁邊問說：「請問，觀世音菩薩，您為什麼在拜自己的這尊觀世音菩薩呢？」這時候菩薩講了一句很有哲理的話，他說：「因為，有時候求人不如求己。」

這算是一個網路的黑色幽默，不過，神，確實有時候是很屬害的，但是，人，有時候自己必須先踏出第一步、第二步、第三步，基督徒的說法叫做「恩典是白白得來的，但是不會憑空發生」。像我們在教會裡面常常看到、聽到很多的見證，在這本書的最後面我會附上十個左右，我幫你精選，我認為最感動的見證。其中有一個是黃國倫老師「思念是一種很玄的東西」——來自王菲唱的《我願意》，如果你看過黃國倫老師的網路見證的話，就會知道，王菲唱的《我願意》，是天父送給黃國倫老師的禮物。這不是我講的，是黃國倫親口自己講的，他自己在醫院裡面，還有很深刻的體驗，我在這邊就不破梗了，讓你自己去看，還有黃國倫老師跟寇乃馨如何到鳥巢辦演唱會，一般人絕對是認

為不可能的任務，但是，他們做到了。**這叫做恩典是白白得來的，但請你注意下一句話，恩典不會憑空發生，雖然恩典是白白得來的，但是你必須自己去踏出第一步、第二步、第三步，恩典並不會憑空發生。**

我講一個最簡單的例子，假如你現在需要十萬塊，不管你是借，或人家要送給你，那有一個人願意借給你、願意送給你，這時候他跟你說：「如果你想跟我借這十萬塊，那麻煩你到我家來，我就立刻借給你。」你或許會說：「恩典是白白得來的，你既然願意借我十萬塊就送過來啊！要不然你就匯款到我帳號嘛，幹嘛要借我這十萬呢？還要我去你家拿？」你一定覺得很好笑，要跟別人借十萬，甚至想要別人送給你這十萬，但是你卻連踏出門都不願意。這就是像很多人跟天公伯仔來求健康好了，他自己卻從來不運動，每天暴飲暴食，吃雞排、喝珍奶，那請問，天父要怎麼給你健康的恩典呢？因為自己都這樣糟蹋你的身體，一定是會提早畢業的嘛。

🕊 千金難買早知道

媽媽在我們小時候，都會帶我們去林口的竹林寺拜拜。這邊又有一個小秘密，我從來沒跟別人講過的，前面我提到了我的貴人、恩師、乾爹——Robert，陳希聖老師，當他在台大加護病房，被柯文哲醫師宣佈他是個活死人，家人們不斷在期待有奇蹟發生的這個時候，我就到了林口竹林寺。老實講，我現在有一點後悔，因為當時我如果是基督徒的話，我或許就知道怎麼樣跟天父來每天早晚持續守望禱告，或許我的乾爹陳希聖老師Robert，就

不會這樣子，一個年輕的生命就走了。當時我是跟著媽媽拜拜的道教徒，我先補充說明一下，我沒有要怪任何人的意思，因為千金難買早知道，我只是在描述一個過去的事件、故事，跟你分享，希望你有所收穫。

當時我是道教徒，在拜拜，我能想到人不能解決的事情該怎麼辦？問神明囉！有一天晚上我去台大加護病房，看完我爹Robert之後，我就想到林口竹林寺，去問一下菩薩，我忘記我有沒有抽籤了，如果有，應該也不是一個很好的籤。當時我跟菩薩祈求：「如果我乾爹Robert有機會好起來的話，請祢讓他趕快好起來；如果他這一次真的就過不了這一關，請祢就讓他趕快好好的安息吧。」坦白說，在這個祈求當中，我並沒有做到愛神、愛人，為什麼呢？因為如果愛神，我相信人的盡頭，神的開端，這是《聖經》說的話，「在人不能，在神凡事都能。」如果當時，我已經回到我親愛的天父身邊、懷裡的時候，我就會來幫我在地上的乾爹，陳希聖老師，來持續的禱告，或許，最後有奇蹟發生。但可惜，當時，我是一個拿香拜拜的道教徒，當然我不是說道教徒就不愛神，我是用我自己的角度來詮釋這件事情。

第二個我沒做到的事情叫做愛人，因為當時，我要在乾爹的補習班教課，然後晚上又要趕到加護病房，坦白講，也是滿累的；還有一半是為了我的乾爹陳希聖老師來祈求，希望他不要痛苦那麼久，因為如果你有在加護病房裡面照顧過病人的話，你就可以知道那真的不是一個正常人能夠待太久的地方。

我乾爹的隔壁病床有一個先生，也是幾乎就是柯醫師說的，機器拔掉人就死了，但他的太太跟我們一樣不放棄。加護病房外面有一些家屬，他們每天早上跟晚上固定時間一到，就會在加護

病房外面，來準備要進來半小時的時間，看他們的家人、照顧他們的家人，就早上三十分鐘，晚上三十分鐘，對於家人來說這是極其重要的三十分鐘。

有一陣子我們都在加護病房的外面等著進來照顧家人，一天晚上，我已經記不太清楚了，這位太太，她跟我說：「今天我擠了我老公最愛喝的鳳梨汁，我老公以前最喜歡吃鳳梨，他現在不能吃啊，所以我就擠鳳梨汁，放在胃管裡面給他喝。」就這樣，我當時聽了覺得心裡非常難受，我到現在想起這件事情還是有點哽咽。結果，隔天早上，當我再進到加護病房的時候，我看到隔壁那個床位已經被清空了，什麼意思？意思就是她先生可能昨天晚上不曉得有沒有喝到最後的鳳梨汁，如果有喝到的話，可能喝完鳳梨汁，她先生就過世了，所以早上這位太太當然就沒有再進來加護病房的外面。

呼吸 Expire 過期了

在醫生的專業術語裡面有一個詞叫 expire，雖然我英文教了二十幾年，但我真正研究英文字根是這後面五、六年的事情，在我十多年前還不懂這個字根含義的時候，我曾經跟一位在台大骨科的醫生朋友說：「你們醫生真的是很沒良心、鐵石心腸，為什麼呢？因為人過世了、人死了，你們竟然用 expire 這個字。」我當時對 expire 的理解就是罐頭、食物，食物可能用 spoiled、壞掉、臭掉、酸掉，那罐頭食物有一個字叫 expired，就是過期了。我當時認為說，哎呀！醫生真的是很冷酷，說人過期了，讓家屬們情何以堪，但後來我透過聖經真理知道了，expire 真正的字根

是一個拉丁文字根叫 spir，spir 是什麼呢？是拉丁文的呼吸的字根，所以 ex 跟 ec 跟 e 都代表外面，所以在有呼吸的範圍之外，答案就是沒了呼吸、斷了氣，所以斷氣、死亡，叫 expire。

現在看起來、聽起來很稀鬆平常的一個字根，當時我不瞭解，這個字根跟我後來為什麼會受洗也有很大的關係，因為 spir 代表呼吸，所以精神、靈魂，有一個字叫 spirit。spirit，精神、靈魂，它跟 soul（靈魂）都是比較中性的，講靈魂的字，另外有一個 ghost，是比較負面的涵義的，阿飄這樣的意思。農曆七月半，Hungry Ghost Festival，英文翻譯過來叫餓阿飄節，中文叫做中元節，就是要拜好兄弟的，這個 spir 代表呼吸，spirit 代表靈魂。後來有一個靈感叫 inspire，激發人的靈感，所以當一個人想到一個很棒的點子的時候，你會怎麼樣？吸氣嘛！深呼吸，然後通常卡通漫畫的圖案就是有一個燈泡亮起來了，inspire 就是靈感，後來名詞的變化叫 inspiration，就是深呼吸、吸了一口氣。

你如果讀過《聖經》創世紀篇，神說有光，於是有了光。就知道話語的能力是非常大的，這邊附帶一提，「飯可以隨便吃，話不能隨便講」，台灣俗諺語有時候是有幾分道理的。神從地上捏了把土，按照神的形象捏出了人。你想想看，地上的土捏出了人，那人有沒有呼吸啊？人當然沒有呼吸嘛，所以神對著這個人的鼻孔吹氣，於是人有了靈魂。從這邊我們得到一個結論，人的靈魂來自於什麼？答對了，神的呼吸。

所以表面上你叫 Peter，我叫 Gary，她叫 Mary，他叫 George，但我們的靈魂都來自同一位神、同一位天父阿爸。我們死後，如果我們有做到愛神、愛人，我們就會回到主裡面，回到天父那邊，回到永生的生活。不管在今生，在地上，你是我爸爸，妳是

我媽媽,你是我阿公,妳是我阿嬤,未來我們全部得救之後,在永生的天國裡面,我們全部都是弟兄姊妹。

　　從這邊,我們就可以知道,基督徒的永生觀,跟佛教、道教的輪迴、業障觀有極大的差異,這裡先不講誰對誰錯,個人自有體會,如人飲水,冷暖自知,希望你自己能體會。基督教裡面,有一個概念叫 Free Will,自由意志,也就是,天父從來不勉強你,祂準備了滿滿的恩典要送給你。但是記得,恩典是白白得來的,但是恩典不會憑空發生,所以你自己要踏出第一步、第二步,或第三步。想要踏出第一步,你可以回到這本書最開始的序言的部分,在序言的最後,有一段話,你讀完,就代表你踏出,並且完成了第一步。

6 用英文來擲筊吧！

本篇就要來提一下，家庭環境對一個人的影響。

我現在正在寫這本書，等於是回顧我四十多歲的人生，是一個生命歷程，真實的生命故事，或許沒有很多人那麼精彩，沒有很多人賺那麼多錢，但是，真真實實的一個生命、靈魂的故事，來跟你分享。

我受到我媽媽帶我們去拜拜的影響，持續著拜拜的習慣。後來一個機緣，我媽媽在幼稚園的同事，帶她到板橋的一間宮廟，這間宮廟的老師、師丈人都非常好，後來我們也常常去這宮廟，這個宮廟有在辦事情，求神問卜，一剛開始，通通是免費，自由捐獻，這一點跟教會有點像。後來，因為支出真的是太大了，好像不管哪個宗教都會碰到這個問題，就是開銷真的太大了，只好跟來求神問卜的信徒們一個人象徵性的收三百塊。

在宮廟的這一段期間，我也經歷了很多一般人會覺得很神奇的事情，譬如說，我有一位乾姊，她在宮廟裡面算是文乩。一般道教的宮廟裡面乩童有分兩種，一種是文乩，一種是武乩，武乩就是會拿一些尖銳的東西往身上打，打得這個全身流血這樣子。文乩就是比較書生，她是拿筆畫符的，不用起乩，不用跳乩。我的乾姊，就是這間宮廟裡面的文乩，她真的很神奇，為什麼呢？因為你如果上禮拜來過，這禮拜又來，上禮拜她跟你講一些事情，你沒有做，當這個人一進來，我乾姊就會說：「你回去，因為你上禮拜我跟你講的事情你都沒有做，你來幹嘛呢？你先回

去，把我交代你做的事情做完你再來。」所有在旁邊的人都會瞠目結舌的看著我乾姊說：「太神奇了吧！」

　　像這樣的事情還有很多，我還親眼看過有一個人被降蠱，他的肺部有上百根的針，他到某大醫學中心去照X光，照出來醫生說：「哇，你這個太多針，我沒辦法幫你手術啊，因為手術到一半你可能就掛掉了。」後來決定不手術，人家介紹他來我乾姊的這個宮廟，乾姊跟神明溝通完就說：「你是被人家降蠱，我要來幫你解這個蠱。」經過了一些儀式，過了幾個月之後，這個人再拍一張X光，他肺部的這些針，真的都不見了。這樣的事情，在宮廟裡面也是常常發生，當時我也是覺得哇！太棒了！終於找到了什麼？神明乾爹可以來依靠，因為要拜神明當乾爹不是這麼容易，基本上你要經過擲筊，十個聖筊，然後經過儀式，你才可以拜神明當乾爹的。

　　當時好不容易拜了神明當乾爹，你還記得嗎？前面我提過了，在我內心深處，我是一個覺得自己是沒有爸爸的孩子，周杰倫有一首歌的歌詞是這樣，「沉默安靜的對話，轉頭看，阿爸是山。」這首歌是《父與子》民視的一個連續劇的主題曲，「轉頭看，爸爸是山」，也就是有爸爸的孩子是有靠山的，每次當我聽到這首歌的時候，其實我內心也是非常傷心的。當然現在經過天父的醫治，我可以很坦然的跟你分享這些心路歷程，那時我就認為我沒有靠山，我乾爹又過世了，那怎麼辦？到處找，尋尋覓覓，終於找到神明乾爹當靠山，一有什麼事就往宮廟跑，就擲筊問神明，那時候學了很多拜拜的專業技巧、擲筊的專業技巧，甚至我還用英文擲筊，這個厲害吧！你應該從來沒聽過人家用英文來擲筊吧！因為我想要測試一下神明乾爹是不是真的這麼神嘛，

我就跟他說 Today I have something to ask you, blablabla……全部講英文，沒想到神明乾爹還真的聽得懂。

Free Will 自由意志

最後一次我這樣擲筊是問神明乾爹說：「最近很多基督徒的弟兄姊妹在我身邊…」。其實我身邊一直都很多基督徒的弟兄姊妹，證明天父早就揀選了我，等待時機成熟而已，當時我就跟神明乾爹擲筊，「請問一下神明乾爹，我最近想要去這個受洗變基督徒，我可不可以跟你請假兩年，然後去當基督徒兩年之後再回來？」然後當然就一直嘸杯、嘸杯、嘸杯，最後我也不知道怎麼辦，我就說：「不然下次再問好了。」一講完這句話，聖筊！從此以後我就再也不問了，因為我知道基督教裡面有一個概念叫 Free Will，自由意志，人最後還是得自由意志的去選擇。

為什麼最後我會自由意志的去選擇慢慢往基督教這條路走呢？是有些原因的，其中，前面我也是受到了很大的幫助，所以我離開道教並不是在道教受到了什麼不好的事情經歷什麼不好的事情，而要離開道教神明爹，不是。其實我在之前自己開公司的時候，做網站建置、做網路行銷、做線上金流，在兩千零幾年的時候，當時剛創業，常常每月的業績都不是很好，就跑到神明乾爹那邊去求業績。說也神奇，求業績求完之後，過沒幾天，就會莫名其妙有人打來，跟你說「要買什麼什麼什麼……」「請問這裡有沒有什麼什麼什麼……」那其實我沒有客戶要的東西，但我得去生給他才能賺錢呀！本來是一個網路行銷公司，搞得好像變貿易商一樣，就是客人要什麼，我就去幫他找什麼貨。

昔日一缺業績，我就去宮廟拜拜，去求業績，業績是真的來了，但是，心裡卻感覺不是很踏實。基督徒的說法，就是心裡沒有這種很平安的感覺。你看我在教英文、我去讀了《聖經》創世紀篇，以及我在拜拜求業績的過程，辛苦又心裡不踏實、沒有平安，綜合以上各種原因之後，我才會去擲筊問神明乾爹說：「我可不可以跟祢請假兩年當基督徒？」

　　祂當然拒絕，後來我就用自由意志，自主做了選擇，這樣的過程，一直到我開公司不到兩年，公司就倒閉了。當時開公司有一位合夥人，這一位合夥人其實就是帶我去教會的陳董，在這邊我要非常感謝陳董，因為那時她非常大膽，我要開公司之前我去找了一位銀行家，銀行家說：「很好，但是，對於合夥投資沒有興趣。」那我當時找了陳董，陳董很快就說那我們一人出一半的錢來合作。當時陳董就把辦公室分了一半給我，在復興大安捷運站那附近，大安高工旁邊。（一切天父自有安排！十多年前跟陳董一起開公司時，有一位葉姊，竟然在 2020 年再次相遇，因為一位簡弟兄推薦我去認識一位徐牧師，只能說，一切都有天父的美意在其中）

　　當時年紀太輕，自以為什麼都懂，其實什麼都不懂，這也是為什麼我後來會選擇去唸企管博士班的原因，因為我已經明白自己的無知，我想要學習大量的知識，但是在這邊我補充一句《聖經》的話給你，《聖經》說「不是倚靠勢力，不是倚靠才能，乃是靠神的靈，方能成事。」

　　所以，人應該基本要做的，自己當然要做，但是最後「謀事在人，成事在天」，這句話講的一點都不錯，在人不能，在神凡事都能。**一定要多禱告，因為禱告就是你在跟天父阿爸說話，看**

《聖經》就是天父阿爸在跟你說話。

　　我問你，你常常跟爸爸說話感情會不會很好？關係很親密，很 close？當然會！那當關係很親密、很 close 的時候，你跟爸爸來請求一些東西，他會不會更快瞭解你在講什麼？更快地提供你需要的東西？不管那是實質上的、情感上的、心理上的、精神上的，甚至靈魂上的東西。當時公司倒閉之後，很慘！感謝陳董，他自己也賠了不少錢，那我也賠了一百多萬，就進入我負債百萬的人生。那負債百萬怎麼辦呢？後來我寫了一本書，叫《百萬年薪七步驟》，就是七個步驟，記錄我從負債百萬到年薪百萬的歷程，這個過程，一樣，「如人飲水，冷暖自知」。

一切都有神的美意

　　當時我因為負債百萬，想說要怎麼辦，趕快賺錢還債，這邊要感謝媽媽，因為媽媽在我開公司的時候其實她是很不贊成的，但是不贊成的狀況下，她還是ㄠ不過我，她最後給了我一個條件，她說「你要開公司就去開吧，不過，我有一個條件，希望你教英文的部分不要中斷。」為了敷衍媽媽，我禮拜六就繼續在賴世雄老師那邊教全民英檢班，後來也就是因為這個全民英檢班在我開公司兩年的期間沒有中斷，所以之後我能夠第一次面試就進入南陽街的語言中心，周董唱得對，「聽媽媽的話……」真的要聽媽媽的話。

　　進入南陽街後，第一個月的薪水，兩萬六千五百塊，負債一百多萬，一個月薪水兩萬六千五百塊，如果是你，你會怎麼想？我當時連買一罐養樂多都不敢，因為想說買一罐養樂多的錢趕快

把這個負債還掉，這樣不是很好嗎？非常感謝媽媽，讓我開公司的兩年沒有中斷教英文，萬分感謝南陽街菁英語言教育中心、感謝 Vincent 教務長，和面試 interview 我進去的 Joyce，還有一個工讀生叫花花（花花是男生不是女生，他有一個哥哥叫大樹，這是題外話。）感謝菁英語言教育中心 Alan 還有 Lily，感謝他們的賞識，讓我在裡面有很多才能的發揮。我替語言中心做了很多線上的課程、線上的教材，到現在有一些在 YouTube 網路上都還可以找到，有很多是內部學生才可以使用的系統跟課程，托福雅思大搜密，這個是蒐集了好幾年的歷屆考題所整理出來的。語言中心也為了基礎程度的同學，請我設計了基礎英文的課程，在語言中心的這十幾年，2020 年應該是第十四年了，真的是恩典滿滿。

在進入語言中心後的前面兩年的時間，我成為代課王，為什麼會成為代課王呢？因為我每到一個地方代課，我就會買一點東西，請分校的教務吃點點心啦，喝點飲料啦。思考一下，有一個老師來代課，常常會帶點心、帶飲料給大家吃，大家會不會喜歡這個人？我以前不懂，我只知道說，人緣要好，要會稍微跟人家交際、打交道，但是我也不曉得怎麼打交道啊，我就只好用最簡單的方式，買東西請大家吃、買東西請大家喝。其實，這就是《聖經》講的，「愛神、愛人。」《聖經》說「你若不愛看得見的弟兄，你怎麼愛看不見的神呢？」當你在愛地上看得見的弟兄姊妹，《聖經》講弟兄，因為以前大男人主義，所以在《聖經》裡面就指弟兄姊妹，白話就是你如果不愛看得見的人，你怎麼愛看不見的神呢？當時我不知道，後來我知道了，原來我買東西請大家吃、請大家喝的這個動作，就是在愛神，就是在愛人，於是神就開始給恩典，當然人也就會給你回饋、回報。

很多的教材為什麼最後語言中心找我做？因為很多教務會推薦我。為什麼我在語言中心一年多不到兩年的時間，可以還清百萬的負債，後來又很快百萬年薪？因為我變成了代課王，到處代課。代課王的下一階段就是有自己的課，因為你逐漸累積出自己的學生、粉絲，慢慢地就有自己的課程。《聖經》叫高山低谷，高山頂峰時期，幾乎每天，禮拜一到禮拜天都是從下午上課到晚上，語言中心嘛，最多的課是在六點以後，少數有一些下午的課。

語言中心老師的好處就是白天可以睡晚一點，其實還滿開心的，收入也還不錯，白天大家都在睡晚一點的時候我去幹嘛呢？我到三所大學來教書，在還沒結婚之前，我早上八點十分到大學教課，教到中午十二點，十二點趕快開車到南陽街，一點上課上到五點，五點下課，請問回家了嗎？不對，六點換一間補習班，繼續上到十點，所以一天我可以教，最多一天教十二小時的課，累不累？超累！但賺的錢多不多？不少！十幾二十萬都有，為什麼我可以短短時間內還清百萬負債，又百萬年薪，原因在這。

不過，問題來了，這個時候還沒結婚，年輕體力好啊，我就開始在思考一件事情，難道，我當時三十出頭歲，就十多年，我接下來一輩子就得這麼過活嗎？好像不太對，雖然錢滿多的，可是我不斷地思考，應該要來轉換一下方向，尤其當時考慮到台灣少子化的現象愈來愈嚴重，台灣當時已經是全世界一百多個國家中出生率最低第二名，之前經歷過出生率最低第一名，我有非常強的危機意識，雖然當時我收入很高，可是如果這個高山一過，進入低谷的時候我該怎麼辦？所以後來，我就決定要去唸企管博士班。

🕊 恩典是白白得來的

　　前文提到過我在賴世雄英語集團工作將近十七八年，另外到了 2020 年，我也已經在南陽街的語言中心工作邁入第十四年。超過十年以上的工作，我們在英文裡面可以把它叫做 career，中文通常翻成事業，事業不只是一個 work，或只是一個 job，或一般人再高級一點他可能會用 occupation，或者 profession 這樣的字來描述自己的工作。當你做的事情已經到了 career 的等級的時候，其實你的熱情或對各方面細節的要求就會變得不太一樣。

　　我在英語教學培訓的部分，有超過二十年的經驗，對我來說這當然是得心應手的事情，但是在十一年前，我發現，我在南陽街語言中心教導的這些學生們，一個一個從國外唸完碩士回來了，甚至有人已經要開始攻讀博士學位；另外看到台灣少子化的現象愈來愈嚴重，我開始思考，未來我的方向、我的定位。

　　現在回頭來看看，就像基督徒常說的一樣，恩典是白白得來的，但是恩典不會憑空發生。禱告有沒有用？禱告當然有用，但如果你只是禱告，其他什麼事都不做，那當然也沒有用。回頭看這十一年，我決定去唸企管博士班的這個決定、這個選擇，現在看起來似乎是滿正確的，因為如果十一年前我沒有下這個決定、做這個選擇，我現在就還只是一位英文老師。當然只是一位英文老師也沒什麼不好，但是，就必須安分一點、聽話一點，反正你只是英文老師嘛，那就好好教課，好好的讓學生考到他要的分數，輔導學生們在英文方面成長，那就可以了。但是偏偏我這個人就是有不安於現狀、不安於世，總想要創新、突破，講好聽是這樣，講難聽一點，長輩的想法就是，你很搞怪，一天到晚沒辦

法好好地、乖乖地工作。

事實上這個時代，很少有一份工作是你真正可以從頭做到尾，所謂安分地、乖乖地去做同樣的事，甚至是很多公家機關的工作職缺，其實也不這麼容易，這也是為什麼現在流行斜槓族（slashie）的原因。

十一年前我決定唸企管博士班，一直到現在，我沒有後悔過，也就是因為這樣，我現在多了很多的機會，**基督徒常說，很多的恩典，要回頭看你才會看得懂，當時你可能沒有太大的感覺和感受，但是回頭看，你就會看得懂，原來一切天父自有安排**，如果你暫時還不是基督徒也沒有關係，你就講「一切老天爺自有安排」，其實是一樣的事情。

在《論語》當中，甚至四書五經裡面，其實孔子都有提到很多次的上帝，上帝就是誰？上帝就是天公伯仔，上帝就是我們的阿爸父。

我們來做一個本段落的結束禱告。

親愛的天父
求祢保守每一位正在看這本書的祢的王子、祢的公主
不管他們在生命中碰到什麼樣的高山、碰到什麼樣的低谷
我們知道人都是有軟弱的時候
在人軟弱的時候
只要祢的公主、只要祢的王子向祢呼求
親愛的天父給我力量
主耶穌基督給我力量
聖靈給我力量

求聖父、聖子、聖靈
來保守每一位向祢呼求的祢的公主、祢的王子
給他們力量
讓他們生命得到力量
因為我們知道不是倚靠勢力、不是倚靠才能
乃是靠神的靈方能成事

我實實在在地告訴你們
《聖經》說「在人不能，在神凡事都能。」
人的盡頭就是神的開端

親愛的王子們、公主們
從現在開始
把你的困難、把你的驕傲、把你所碰到的一切的攔阻、把你的目標、
把你未來希望成為什麼樣的人的想法禱告、宣告、交託給天父
「在人不能，在天父凡事都能。」

以上禱告
奉主耶穌基督的名求
AMEN
感謝主

But Jesus beheld them,
and said unto them, with man this is
impossible; but with God all things
are possible.

PART 3

要積攢天上的財富

「若有人在基督裡，他就是新造的人，
舊事已過，都變成新的了。」
哥林多後書 5：17

1 格局定佈局，佈局定結局

　　講完了在賴世雄老師和南陽街這邊的培訓經驗、資歷，接下來要開始說明，我擔任企管顧問的經歷。在師範大學教學六年多益課程的部分我有簡單的提過，為什麼有機會到師大任教呢？答案叫做「有關係就沒關係」。因為我認識當推廣學院的副院長，但是為什麼會認識推廣學院的副院長呢？因為我在培訓老師，我想要給老師們最新、最有創意、最有效率的工具的培訓方法，我花了很多錢，也花了很多時間去研究各種教材、各種教學法，也就是因為這樣，認識了何教授。後來，何教授也成為我的貴人，讓我在師範大學裡面任教六年，這六年的期間也是學習到非常多，因為大學很多做事情的方法，包括體制、流程等等，跟外面的語言中心、英語集團是不太一樣的。

　　十一年前唸企管博士班的時候，我就開始在思考，唸企管博士班有幾個出路：一，去學校教書，這是其中一個選擇。那教書其實我早就在教了，再教企管，其實也還好，沒有非常大的差異處。對我來說比較有趣、比較有挑戰的是，二，我能夠在業界擔任企管顧問。

　　要當企管顧問很現實的就是，人家會問你說「你有沒有當過老闆？你有沒有開過公司？」當時我的說法很簡單：「我有開過公司，要我教你賺錢，不一定，但要我教你不要賠錢，我一定可以。」現在想一想，這其實不是一個很好的說法，當時覺得這種說法不錯。後來我就開始跟一些中小企業的老闆，甚至微小型企

業的老闆合作，譬如說做鳳梨酥的老闆，他在家做手工鳳梨酥，然後在網路上面賣，像這種老闆，我就開始輔導他們在企管博士班所學的「產銷人發財」，就是生產、行銷、人事、研發、財務，各方面的基本概念。講白話一點，就拿這些中小企業老闆們當白老鼠，實驗一下嘛。我也沒收他錢，是義務輔導他，了不起收他一包鳳梨酥。那時候我的一個要求很簡單，就是，因為我也才在唸企管博士班，我們初次合作，先不收費，那我們先怎麼做呢？就是你發一張顧問證書給我，我就開始輔導你，等到輔導你到有賺錢，再分利給我。舉例來說你現在一個月賺五萬塊，那我輔導你到你的營業額翻倍，你可以一個月賺十萬塊的時候，你可能淨利潤提升了多少，你再把你的淨利潤的一部分，看你要給我20%、30%、50%，再來跟我分享。

也就是說前面我先當義工顧問，等到有輔導成效出來，你再分利潤給我，這是一個理想，你知道，理想與現實是有一段差距的。大部分的老闆，當你要當義工輔導他的時候，他開不開心？答案，很開心；當你輔導他到他賺錢的時候，他要把利潤分享給你，這時候他開不開心？答案，他不一定會很開心，這個就是跟老闆的格局、氣度，還有眼光有很大的關係了。

我們常常說格局定佈局，佈局定結局。另外一句話叫思維定行為，行為定作為。思維是你唯一的限制，那格局是一個人一輩子能夠成功到什麼等級、什麼程度的關鍵。

花一百萬改變腦袋

我非常慶幸在十多年前去唸了企管博士班，因為完全打開了

我在商業上的領域、視野、格局,當時我只是一個小小的英文老師,但是身邊有很多上市櫃董事長、老闆、總經理們,他們開口閉口就是幾千萬、幾億。

以前在唸博士班之前,我不曉得你有沒有看過,我們台灣人的電視台,三立台灣台,在很早以前有幾部台灣本土劇,滿紅的,其中有一部叫《台灣霹靂火》,經典台詞:「你最好不要惹我生氣,你如果惹我生氣,我就送你兩桶汽油跟一枝番仔火。」如果你還有印象的話,恭喜你,跟我差不多年輕!

在這個台灣本土劇裡面,我印象非常深刻,有一段就是這個超聯百貨、超霸百貨、助理副總裁,很多總裁,他們在這個本土劇裡面,開口閉口動不動就是,這一次投資案十五億,這一次投資案三十億。哇,動不動就幾十億起跳,甚至百億的,當時聽了覺得太誇張了吧這些人!開口閉口就幾十億幾十億幾百億,但是到了企管博士班,我才發現,原來這些人講的是真的,這個在英文叫做什麼?Another world,也就是另外一個世界。

十多年前我剛進博士班的時候,有點像紅樓夢裡面的〈劉姥姥逛大觀園〉哇!這個產業,哇!世界前幾大製造商,哇!全台灣最大某個產業製造商,哇!世界第一大,某個產業製造商研發處的處長,哇!某位總統的同班同學,哇!裡面很多的大人物。在這個十一年當中,我不只把企管博士班的知識層面的東西稍微吸收消化了一些,也把一些各行各業的特色、特徵、產業分析都稍微瞭解了一下。

這邊還是要再次感謝范揚松,范教授,我們的范校長,因為首先范教授本身就是個很好的 model,一個身先士卒,做為示範的一位教授,有很多的教授要求他的研究生來唸書、認真學習、

努力研究，但是自己都不看什麼書的，而范教授本身學習精神、讀書效率和論文寫作方法實在是太厲害了。范教授有超過一百堂他的線上的課程，在學校、公司的這個官網上面，那我猜，到目前為止，我們瑞士歐洲大學在台灣已經超過十年的期間了，我猜我可能是唯一一位，把我們范楊松范校長這個線上一百堂課全部聽完的學生，因為我之前開公司已經賠了幾百萬了，而後就覺得知識是有價的，知識可以讓你改變腦袋、改變口袋。

我花了一百多萬唸博士班，當然要從裡面多撈一點回來嘛是不是。其實學校有發給我們點數，如果我沒記錯的話，好像是五千點，這五千點要來看這一百部線上課程其實是不夠的，好像整個看完大概需要兩萬點左右，這裡告訴各位一個小秘密，不過這秘密我已經跟范教授坦白從寬了，你去告狀是沒有用的。（笑）

想要還是一定要？

當時好像是某一年的農曆過年，我算了一下我的五千點線上學習點數大概只能看幾部線上影片，我有一個PDCA，plan、do、check、action 的習慣，這也是企管裡面學到的一個方法。plan，我計劃在農曆新年期間把這一百部影片全部下載下來，因為沒辦法盯在電腦前面來看完這些影片，太花時間了。於是，我把它全部下載下來，然後轉成mp3，燒成光碟，讓我在車上開車的時候就可以拿出來做學習。

那一年的農曆新年，我就找了三五位同學，事實上應該三位加上我的五千點，加起來兩萬點就夠了，但是後來因為反應滿熱烈的，總共好像有五位同學，每一位同學給我五千點，然後總共

五五二十五，加上我就六位，六五三十，我有三萬點，所以下載這一百部線上課程影片是綽綽有餘。農曆新年期間我花了幾天的時間，就把這一百部課程全部下載下來，並且全部轉成mp3，最後燒成了十一片的mp3的光碟，然後這五位有參與的同學當然我就燒十一片mp3的光碟送給他們，他們有沒有聽我不知道，不過我自己當時是非常渴望學習的。所以人家常常講，你是想要呢？還是一定要？當你是一定要的時候，你就會無所不用其極，想方設法達成目標，這個就是想要跟一定要的差別。

當時我就是「一定要」，我的計畫（plan）就是一百堂課要下載下來，轉成mp3，燒成光碟車上聽；do，真的去找了五位同學，把他們點數收集過來，然後開始下載；check，在幾天的執行過程當中不斷的確認、不斷的確認進度；act，不斷的在下載、轉換mp3的過程當中，我也燒光碟開始在車上聽。

有許多范教授講的實戰案例，在這一百部線上課程中，我重複收聽、重複學習了非常多遍，因為科學家說一個東西要從短期記憶進入長期記憶，必須至少重複十六到二十一遍，至少重複十六到二十一遍，所以這本書看一遍有用嗎？答案是有用，但是，看一遍的作用可能是10%、5%，如果你想要兆鴻老師這四十年的人生經驗對你有很大的啟發、很大的幫助的話，其實你現在知道了，要重複看幾遍？**答案就是十六到二十一遍。這個原理原則不是只用在這本書上，很多時候，相同的原理原則其實可以融會貫通應用在非常非常多的事情上面。**

舉個例子，如果你要跟老公或者老婆來講一件事情的話，請問，講一遍有用嗎？沒有用；講兩遍、三遍有用嗎？沒有用。科學家告訴我們，現在你知道了，要講幾遍？答案：十六到二十一

遍，這樣才會達到洗腦的作用，這個原理原則學會了，各位可以受益終身無窮。

瞭解了這一些之後，你就知道，每一個人能夠達到他的目標，或者達到他所定義的成功，都是有原因的。成功一定有方法，**成功的人找方法，失敗的人找藉口，這也是成功的人跟失敗的人一個最大的差異。**

積極的人像太陽，走到哪裡哪裡亮

中國大陸還有一句順口溜，我覺得也滿不錯的，順便跟你分享，他說：「積極的人像太陽，走到哪裡哪裡亮；消極的人像月亮，初一十五不一樣。」如果你太容易受到外在的影響，那表示你可能是偏向消極的人，因為初一十五不一樣。這時候，我覺得你非常需要我們的阿爸父，為什麼呢？因為基督徒常說，平安喜樂。

前面有提過我在拜道教神明乾爹的時候，坦白講，當時感覺神明乾爹對我其實不錯，求業績，有業績；求健康，有健康，但就是差了那麼一點點，心裡面的那個踏實的感覺。所以那時候我才擲筊問道教神明乾爹說「我可以跟祢請假兩年去信基督教，然後再回來？」結果神明乾爹當然是無筊、無筊、無筊，最後我就說好吧，那我改天再問了。我用基督教 Free Will 自由意志的概念，自己慢慢來脫離道教。

因為我本來身邊就有很多的基督徒，自然而然，在輔導一間美國公司上市的過程當中，接觸到呂董，呂董本身是一位敬虔的基督徒，他想要蓋神學院，他想要蓋音樂廳來舉辦世界級的詩歌

比賽、詩歌競賽。一部分是在他的影響之下，另外在呂董的公司裡面還有一位也是我非常感謝的貴人，叫做晴哥，英文應該可以叫Sunny boy，就是一位這兩位弟兄的影響，最後我決定受洗的。

而其實受洗也是個意外，是個十分有趣的故事，簡單的講，就是，過去這兩年多以來，晴哥一直問我說「你這個永遠的慕道友。」慕道友就是有去過教會幾次，看過《聖經》，但是還沒有深入瞭解，基督教的很多的教義，或者內涵。對於基督徒而言就會很希望慕道友趕快受洗，因為受洗就是救一個靈魂，就等於你拿到進天國的門票的意思，因為末日快來了，耶穌要再來臨，什麼時候來不知道，我們能救一個靈魂是一個。

晴哥就一天到晚問我，「Gary，你什麼時候要受洗啊？」「Gary，你什麼時候要受洗啊？」一直問一直問，問了一年多，問到後來我也覺得，第一個，有點煩了，第二個，我工作這麼忙，也很想受洗啊，還有邀請過我太太，希望她帶小孩一起來看我受洗，但是她說不急不急，用拖延戰術，而我是我們家族第一個想要受洗成為基督徒的。

主掌權！

在這樣的狀況下，我一直沒有受洗，一直到了2018年年中，大概六、七月的時候，晴哥又再問我受洗這個事情，我心裡突然有一個感覺就是，雖然我不確定什麼時候會受洗，但我感覺半年內應該會受洗，我就跟他講了一句話，我說：「主掌權。」我知誰掌管明天，答案就是我們親爹阿爸父，一切天父自有安排。

我就跟晴哥說主掌權！這下他沒話講了，為什麼？因為對基

督徒來講誰最大？主最大囉！主掌權就是主來決定囉，我的意思就是說你不要再問我了，因為我也不知道，我就講主掌權，覺得我下半年應該會受洗。

就這樣，很快的半年過去了，時間到了 2018 年十二月二十九號，我在呂董事長 KS 集團的連鎖餐廳，當時剛併購一家新竹的餐廳辦兩百人聚會活動，是公司跟協會的年終週年活動，結果，在座來了幾位牧師，誰知道當天會來幾位牧師啊！God knows！

有一位牧師跟我聊得比較深入，聊了滿久的，最後這位牧師姓鄭，鄭牧師就跟我說「Gary，我覺得你可以受洗了耶。」我說「真的嗎？我可以受洗？」她說：「對啊！你對教義的理解等等各方面，說不定還比起一些基督徒來說還更深入。」我當時是極為開心的，但是因為那天不是為了我受洗辦活動，而是為了公司週年辦活動，我得問問董事長同不同意，讓這個場合可以讓我受洗。我立刻就問了董事長，呂董事長非常開心說：「當然可以啊！好啊好啊！你受洗吧！」當天就在兩百人的見證下，我先由鄭牧師給我做點水禮。基督徒受洗有兩種，一種比較簡單叫點水禮，另一種就是全身要浸到水裡面的這個浸水禮。那天因為場地限制的關係，就用簡單的點水禮。

後來鄭牧師跟我講，她說：「Gary，我以為你是活動辦完後找一個小包廂，我們來執行這個點水禮的儀式就好了，沒想到你找兩百個人看你，見證看你受洗。」她說「你今天天上的業績做很大」。這讓我想到後來我在神學院讀《聖經》的時候有一句話讓我印象非常深刻，**《聖經》說我們不只要積攢財富在地上，還要積攢財富在天上，地上的財富，你只要碰到一個金融海嘯，像我有認識一位姊妹，她們家滿有財富，有幾千萬，在雷曼兄弟那**

一波零八年金融大海嘯的時候，幾千萬存在銀行就一夕之間化為烏有。

這就告訴我們，《聖經》說的是真的，你積攢在地上的財富，蟲會蛀掉，那個黃金也會毀壞掉，所以只有積攢在天上的財富，永遠存在，這就是基督徒所追求的永生的概念。

 聖經加油讚！

⑲不要為自己積攢財寶在地上，地上有蟲子咬，能鏽壞，也有賊挖窟窿來偷。⑳只要積攢財寶在天上，天上沒有蟲子咬，不能鏽壞，也沒有賊挖窟窿來偷。（馬太福音 6：19。）

2 要積攢在天上的財富

　　講回來我在賴世雄英語集團、南陽街十多年，在師範大學六年左右的期間，因為就讀了企管博士班，開始思考轉型，擔任所謂的零元顧問。因為初出茅廬嘛，誰知道你是誰啊，所以從零元開始，到後來顧問費有時候幾千塊，有時候幾萬塊的，但是在大概唸博士班七年之後，也就是畢業後過了幾年，真正接到一個比較大的案子，就是一年大概有五十萬到一百萬這樣的規模，皇天不負苦心人，恩典是白白得來的，但是恩典不會憑空發生，回頭看，你就會很清楚。

　　在擔任零元顧問的過程當中，我也是學習到非常多，又是《聖經》告訴我們的，上帝阻擋驕傲的人，上帝會把謙虛的人高舉起來，《聖經》還有一句話叫做不是倚靠勢力、不是倚靠才能，乃是靠神的靈，方能成事。對基督徒來說，如果他是真正敬虔的基督徒，他絕對不會很驕傲的，因為他會感謝一切。就像我們中學的時候，國文課本有一則課文叫做〈謝天〉，裡頭有一句「因為要感謝的人太多，我們只好謝天吧！」請問謝天是誰啊？謝天就是感謝天父嘛，其實就是 Thank God。

　　在擔任零元顧問前面的幾年，慢慢從這個經驗當中去吸收、消化，變成收幾千塊的顧問費，再變成收幾萬塊的顧問費，到最後，大概七年多的時間過去了，我就接到真正顧問費近百萬等級的顧問案。在這個顧問案當中，其中是一個台灣傳統製造業的公司，因為商業機密的關係，我把名字匿名一下，這個傳統的製造

業，他在台灣的市占率應該將近百分之五十，非常大的市占率，但是他是傳統製造業，有三個碰到的主要的問題跟狀況。第一個，接班人計畫，第二個，產業轉型，第三個，外貿市場。

這家公司在台灣已經五十年，是超資深的一家傳統製造業公司，接班人計畫正在執行當中，產業轉型也在執行當中，我之所以會被找去當顧問的原因很簡單，因為我有雙重價值，什麼意思呢？我做英文培訓，當時是十幾年，所以，我在他們的外貿市場上可以幫上很大的忙，像英文接待、貿易展覽、電話英文和e-mail writing電子郵件寫作這方面，英文專業的部分我提供了很多的協助，包括教材及許多的實戰案例的演練。甚至有一次，我扮演外國客戶，roleplay 角色扮演，然後他們要組成一個接待團，我假裝是外國客戶，進到工廠、公司的時候，誰負責哪個部分的工作，全部都安排好。誰接待，誰講解，誰服務，甚至誰送機，誰送餐，誰送飲料，誰陪聊天，這些角色都要定位好，team work的這樣一個概念。

🕊 上帝阻擋驕傲的人

除了在英文培訓部分的專業跟協助之外，我是企管博士畢業的，所以跟一級主管開這個戰略會議、策略會議的時候，也是可以有一些主意提供公司參考。我們一群顧問，當然不是我一位，是一群顧問，因為上帝阻擋驕傲的人記得嗎？所以基督徒一定要謙虛，記得！謙卑、謙卑、再謙卑。

插個話題，我們 2020 年新選上的總統，不管之前你是支持她還是不支持她都沒關係，基督徒其實希望的是對台灣、對中華

民國未來前景有幫助的一位總統，我看 2020 年又再一次連任選上的總統，選戰後，態度有很大的改變，這個是非常棒的一件事情，因為上帝阻擋驕傲的人，上帝會舉起謙虛、謙卑的人。

我在這家製造業公司，一群顧問，我們在兩年左右的時間，幫這家公司從年營業額大概七億新台幣，提升到十二億新台幣，也就是在兩年左右的期間，增加了五億新台幣的營收。所以請顧問有沒有用？答案是有用，絕對有用！但這又產生另外一個問題，你有沒有發現人生真的很有趣，叫關關難過關關過，每一關都有每一關要碰到的挑戰，要解決的事情，過了之後，你就上到另外一個等級，有點像打電動遊戲，小關卡、中關卡、大關卡，然後人生的大魔王是什麼？就是這樣。

老實說，這家公司的顧問費相當不錯，一個禮拜只上班一天，然後一年有幾十萬，近百萬的收入。可惜，在這個傳統產業服務了兩年之後，因為顧問的合約已經結束，就離開了。

3 人生賺錢三階段

　　人生賺錢三階段，第一階段，叫做勞力賺錢，像我以前在大學教書、在補習班教書，那就是勞力賺錢階段。以前我在中壢某一間大學任教，第一堂課是早上八點十分，那時候我住在迴龍附近，新莊跟桃園的交界那邊，我曾經試過七點出門，結果我八點半才到，遲到了半小時，後來下定決心，我一定要提早到，有一天我就五點半起床，六點出門，結果你猜怎麼？六點二十就到了，不到六點半我就到了，上課是八點十分，我就很悠哉的到學校附近早餐店吃個早餐，然後車上睡覺一個小時。

　　這樣其實也還滿不錯的，但是學校上完課，上到中午，當然如果是去中壢外縣市的話，就希望能夠排盡量一整天的課，後來，在台北另外一所大學，在外雙溪那邊的學校，上課上到十二點，就趕到南陽街，一點繼續上課，一點上到五點，五點你以為下班回家了嗎？不對，六點換一家補習班繼續上，有時候是一樣在台北的補習班，有時候是又要趕到桃園的補習班，那個行程非常趕。而且像中午，簡單買個麵包，車上啃一啃，晚上真的很餓，買個便當，所以我是有練過的，叔叔有練過，開車吃便當這個厲害吧！這叫做什麼階段？勞力賺錢階段。

　　後來為什麼去唸博士班，因為我想要從勞力賺錢階段進入智慧賺錢階段（第二賺錢階段），智慧賺錢就是我去唸博士班，就可以賣知識給沒有念博士班的人──當公司的顧問。因為少子化的現象，學生愈來愈少，只教課風險非常大，但是做生意永遠需

要顧問。老闆，永遠那麼多人想創業，老闆沒有空讀書，我可以當顧問，幫老闆讀書，就可以來幫助老闆們，把他的企業經營好，這就是我本來的設想。

後來確實也不錯，慢慢從零元顧問，變成幾千塊的顧問費，到幾萬塊的顧問費，再到一年將近百萬的顧問費，我真正達到我的目標了。可是「又」，日文叫做「殘念ですけど」，有點殘念，似乎滿完美的卻有那麼一點不完美，因為兩年合約一到，我們一群顧問幫公司多賺了幾億，但是台灣的企業大部分還是所謂的家族型企業，也就是這是我家族裡面接班的事情。跟國外的企業有一點很大的不同就是，國外的家族企業除了有家族的屬性之外，他們還會另外找所謂的專業經理人，當然也有可能是公司認為我不夠格，我不是那個產業的專業，所以兩年顧問合約一到，公司就說，謝謝顧問，顧問再見。

這讓我有一個很深很深的感觸，就是，我花了兩年的時間，很認真的幫助這家公司、企業提升了很多的東西，在我的角度來看我很認真啊，可是兩年後，這家公司增加了幾億的營收跟我有沒有關係？答案是沒有關係。

這跟我在序言寫的狀況是一樣的，我並不是在怪任何人，也沒有任何負面的涵義，只是在做一個所謂客觀的描述。也就是作為一個顧問，如果每兩年或每一年，當顧問合約時間一到，領完顧問費，這家公司後面的發展跟他沒有關係，我覺得有點可惜。因為畢竟人的生命是有限的，我投資下去的時間，如果可以後面讓我有源源不絕的利潤，或分紅的話那不是很棒嗎？

立志當股東

腦筋一轉，所以我應該當什麼？當股東，你有聽懂嗎？當股東有幾個方式，第一個方式，我去買股票，我就是股東啦，這最快。但是你如果只是買股票，其實你不瞭解公司整個運作的過程，你也不認識這個老闆，會有很大的風險，所以為什麼大部分的人買股票是賠錢的？因為，他只是在賭。

美國有做過一個研究，他們找諾貝爾經濟學獎的得主們，再找了一隻猴子，然後給了這些諾貝爾經濟學獎的得主們一筆一百萬美金還是一千萬美金的預算，然後再給這隻猴子也是同樣，一筆同樣金額的預算，接著讓猴子射飛鏢，猴子射飛鏢什麼意思啊？就是很多的股票把它印在牆上，猴子射飛鏢，看射到哪一支股票就買那一支股票。你或許會說：「兆鴻老師，這根本就神經病」沒錯就是像神經病！猴子射飛鏢選了幾支股票，他們就去買這幾支股票，諾貝爾經濟學獎得主選了幾支股票，他們去買股票。結果結論，猴子射飛鏢的這幾支股票，它的投資報酬率，竟然比諾貝爾經濟學獎得主的這支股票還賺錢。意思就是什麼？意思就是股票是沒有邏輯可言的。當然講到這邊有一些研究股市K線啊，什麼線的老師就會說，聽你在亂講！我是不懂啦，但是美國人確實做過這個研究，這個值得各位去好思考一下

基於這個報導、理論研究，我覺得，只是買股票還不夠保險，我必須要認識老闆，必須要知道這個產業裡面的一些細節，就在這個時候，感謝天父，我就有一個機緣認識了呂董事長。呂董事長是一家美國上櫃集團的董事長、主席、總裁，他到了人生六、七十歲的這個階段，有一些理想想要實現出來，又有美國上

櫃的股票願意跟大家分享，剛好就是我的完美合作對象，perfect partner。

美國 KS 集團呂董事長

大概在三年多以前，我開始跟呂董事長來合作，他說，他要做雙B車、汽車貿易的生意，他說他要做連鎖餐廳的生意，他說還會有六大產業，總共大概有五大到六大產業，整個產業鏈的結合。我們從三年前開始合作，到現在已經經歷過三年多的時間了，目標很簡單，人生賺錢三階段，第一階段，勞力賺錢，我已經體驗過了；第二階段，智慧賺錢，我也明白了；第三階段，人人都愛的，叫做什麼？錢滾錢。

「兆鴻老師，錢滾錢誰不愛？」問題是有一個重點，你有沒有十億新台幣？如果你有十億新台幣，拿來錢滾錢，那就很容易；如果你只有幾萬塊新台幣，那很抱歉，滾不太起來。在這三年過程當中，我跟這個 KS 集團呂董事長合作，我們已經進口了一百多台的雙B車，有十多家的連鎖餐廳，KS集團在新竹香山，花費三千萬買了一個靈芝精釀啤酒廠，在金門也買了一個高粱酒酒廠，另外跟金門政府單位下的酒廠在 2020 年也即將於中國有合作銷售的專案。這一些就是我們三年來努力合作的部分成果，真正可以開始從勞力賺錢邁入智慧賺錢，從智慧賺錢邁入錢滾錢的階段。

以上就是我當顧問，大概十年左右的期間的一些心路歷程，是第3節最後的一個總結。接下來的第4節，我會開始跨入我跟阿爸天父的一些，誇張一點講，愛恨情仇的一些心路歷程分享。

還有最後，我希望分享一些跟基督徒弟兄姊妹有關係的，大家常常問到的問題，算是一個簡單 Q&A 吧，因為受洗一年多左右的時間，有很多的問題，碰到很多人，我自己問的問題或別人問的問題，譬如說基督徒可不可以吃豬血糕啊？基督徒可不可以拜拜啊？有上教會、有讀《聖經》、有捐錢就是基督徒嗎？等等這些問題，在整本書後段的部分，跟你們分享。

我們來做結束禱告。

親愛的天父

感謝祢賜給我們恩典滿滿的每一天

感謝祢來保守幫我們做文字編輯的惟文

讓她生活大小事、家裡面男女老幼全都健康平安

一切順心如意、平安喜樂

以上禱告

奉主耶穌基督的名求

AMEN

HALLELUJAH

感謝主

4 三位一體入門

我們先來禱告。

親愛的天父

感謝祢賜給我們恩典滿滿的每一天

雖然今天台北是有一點陰天的狀況

不過比起昨天下雨天很冷的狀況已經稍微有比較暖和了

今天比較乾燥一些

求祢保守路上不管開車坐車或是行人

一路平安

一切順心如意、平安喜樂

以上禱告

奉主耶穌基督的名求

AMEN

HALLELUJAH

感謝主

今天我們要繼續進入本書的後半段，這本書裡面，我們前三個部分，大部分講到的是兆鴻老師的個人的經歷，以及生命的過程。

後半段，我打算開始說明一些一般非基督徒，或者所謂慕道友，慕道友的意思就是他可能去過幾次教會、教堂，但是對於《聖經》還不是很熟悉，對於許多基督教裡面的概念也還不是很

瞭解的朋友，會覺得很誇張的東西。

三位一體初階

舉個例子，譬如說在基督教裡面有一個概念叫三位一體，看過電影都知道，說到聖父，這時候神父就會把手放在頭上；聖子，放在左邊肩膀；然後右邊肩膀，聖靈，三位一體，就會做這樣的動作。

這邊插播一下，其實三這個數字是非常神奇的，在《聖經》裡面叫三位一體，在老子《道德經》裡面叫一生二，二生三，三生萬物。其實東西方的哲學，或者你要說神學和神話故事甚至是科學之間真的是很奇妙的，都有異曲同工之妙之處。像三位一體，就是一個很多人想不通的概念，因為在人的理解，我講到這你應該開始有一點感覺了，因為人是有限的還無限的？答案：人是有限的。不管是人的生命，有限的；人的思想，有限的；人所擁有的一切，全部都是有限的。所以你要用一個有限的人的思想，去完全瞭解無限的神是不可能的，這樣你聽懂了嗎？既然是神，就不是人，祂不是人，你怎麼可以用人的思想去限制祂呢？雖然我還沒有詳細說明，不過基本概念就是這樣。

我記得小時候會陪阿公阿嬤看歌仔戲，那時，楊麗花歌仔戲非常有名，而他們有一齣歌仔戲的名字叫八仙過海，八仙過海的「八仙」就是鐵拐李、呂洞賓、何仙姑等八位神仙，請問神仙來的時候，你看得到祂走進來嗎？看不到，一陣煙冒出來，然後神仙就會說：「我來了！」神仙就來了，等到神仙講完話之後，你會看到神仙走出去嗎？不會，又是一陣煙，然後神仙就會說：

「我去了！」所以神仙來來去去是不會受到人的這種有限的思想的限制的。

這個三位一體的概念，你千萬不要用人的想法，例如你或許還想說：「聖父、聖子、聖靈不是三位嗎？怎麼變成一體呢？」因為他本來就不是能用人的思想去理解的。

很多非基督徒甚至現在在台灣大約 5% 的基督徒，都還不是很瞭解，當然我也還不是完全瞭解，只是就我已經能夠理解的範圍，來盡量跟你做說明、做報告，希望對你有一些幫助。

聖靈感孕

第二個，很多基督徒跟非基督徒都覺得很難接受的一件事情，叫做聖靈感孕，就是在《新約聖經》裡面，聖經有分舊約跟新約。舊約，簡單講，跟神舊的約定；新約，就是跟神新的約定。

舊約是律法的時代，摩西十誡說：「不可姦淫、不可偷盜、不可殺人」等等，通通叫你不可以怎樣怎樣；在新約當中，已經進入一個恩典的時代，因為主耶穌基督已經為我們的罪死在十字架上，這是 another long story，我後面慢慢跟你解釋。

新約當中，聖母瑪利亞，她沒有結過婚，還是處女，但是竟然在聖靈感孕之後，就可以生下耶穌，對一般人來說這實在是超級不可思議。

男人能不能生小孩？你一定會跟我說「男人當然不能生小孩」，但我跟你講，在美國有一個男人，他已經生小孩了，自己生了自己的小孩，不可思議！很多事情不知道，不代表不可能，神當然更是自然而然超越人的思惟、人所能做的。所以《聖經》

有一句話：「在人不能，在神凡事都能。阿們。」

《新約聖經》裡面還有另外一件事情，也是很多人覺得無法接受的，這一件事情叫做死而復活，最有名的就是耶穌死後被釘在十字架上，由於接下來就要過禮拜天，安息日，對於三位被釘在十字架上的受刑者，這些衛兵們，要確認他們趕快斷氣。當時安息日的規定非常嚴格，就是這些法利賽人和文士規定的，這後面又有一段很有趣的故事可以跟你分享。因為在《新約聖經》故事當中把耶穌釘上十字架的，不是別人，不是其他的壞人，就是這一些兩千年前大家認為最虔誠、最瞭解《舊約聖經》的法利賽人和文士們。當時這些法利賽人和文士，已經把《舊約聖經》教條化，教條化的意思就是他們不太願意去思考說《聖經》到底是要叫我們做什麼，譬如說是不是要我們愛神啊？每天親近神啊？是不是要我們愛人啊？跟所有的你身邊的人做好弟兄姊妹的關係等等。

釘死耶穌的法利賽人和文士

當時兩千年前的法利賽人和文士在幹嘛呢？他們每天在研究律法，當時他們規定，譬如說，你在安息日走路不可以連續走超過一定的距離，因為他們很嚴格的規定安息日不能做任何事情，糟糕了，安息日不能做任何事情，那走路算不算做任何事情？他們那時候叫做工，走路當然也算做工啊，走路也是有出力的。這部分他們就規定，假設，從我家到你家中間有八百公尺，因為不能做工，我不能直接從我家走路走八百公尺到你家，因為當我走路走八百公尺走到你家就叫做工，我就違反了安息日的規定，我

就會被處罰，罰錢，甚至受到更嚴厲的懲罰。怎麼辦呢？我家到你家有八百公尺，他們後來訂出一個規定，就是在安息日走路，一次不要超過兩百公尺，這樣就不算做工。

從我家到你家有八百公尺，為了不違反安息日的規定，從我家到你家不可以直接走過去八百公尺，必須分四段，兩百公尺就休息一下，最後完成這八百公尺的路程，你說這些法利賽人和文士無不無聊？這些人規定安息日不能做任何事情，所以他們在釘死耶穌跟另外兩位盜匪的這一天，要趕快確認他們已經斷氣，他們就把另外兩位盜匪的腳打斷，讓他們失血過多盡快死掉。當他們正要打斷耶穌的腳的時候發現耶穌已經斷氣了，就沒有把耶穌的腳給打斷，可是士兵們還是要證明耶穌已經死了，所以在耶穌的肋骨的旁邊，就用古代的一種兵器，叫做槍，或者是矛，在肋骨下面戳了一下，血和水就這樣流出來了。這是為什麼你在一些天主教的教堂裡面會發現，他們的十字架上有耶穌，耶穌肋骨旁邊下面有一個血流出來的痕跡，就是因為在《新約聖經》裡面的這一段紀錄。

當時他們確認主耶穌基督已經斷氣之後，就可以取下屍體，真的，一切都是天父最好的安排，你也可以說，一切都是天公伯仔最好的安排，耶穌不用被打斷雙腳。

5 一切都是最好的安排

當耶穌被釘死在十字架上的時候，並沒有人來為他準備任何的後事。但是，我剛剛講到這些法利賽人和文士，他們有一個類似委員會這樣的組織。各地方教導大家《聖經》的這些拉比們（法利賽人和文士），他們委員會裡面，有兩位其實早就耳聞拿撒勒人耶穌的大名，因為耶穌在前面三十年的時間他是當木匠，是木匠的兒子，瑪利亞的兒子，開始傳道是三十一、三十二、三十三歲，三年左右的時間，其實在他的出生地周邊地區行了非常非常多的神蹟。

甚至有一些基督教的教派說，耶穌不只在《新約聖經》提到的這些地方出現，他還有在《新約聖經》以外的地點來出現。

當然，我剛才已經講過了，我們不要用人的思維來揣摩神，至於耶穌有沒有出現在《新約聖經》提到的地方之外，我先打個問號，因為我們是人，我們是無法完全瞭解神的，為什麼有「神秘」這個詞？因為神的秘密，我們怎麼能瞭解呢？他不是人秘，而是神秘。

耶穌的粉絲

這些法利賽人和文士當中，其實有兩位早就久仰耶穌的大名，後來沒想到，他們在這個委員會當中故意被排擠掉。也就是這些法利賽人和文士，他們為了要維護自己的權勢，保護自己在

《聖經》方面的權威，所以，他們故意不叫這兩位支持耶穌、幫耶穌講話的這些委員來開會，因為凌晨要開臨時會議，把這個拿撒勒人耶穌釘在十字架上。

後來，這兩位被排擠的法利賽人、文士委員們，有一位叫尼哥底母，知道了耶穌真的被釘死在十字架上之後，就十分地傷心並且為耶穌準備後事，因為他們覺得耶穌是彌賽亞，彌賽亞就是在舊約當中，先知所提到的救世主的意思。

這邊講一件有趣的事情，你可能知道耶穌有十二門徒，但是你可能不知道，耶穌當時的十二門徒也不太清楚耶穌到底要幹嘛，因為人是無法瞭解神要做什麼事的，十二門徒跟著耶穌的可能因素，其中一個我們猜測是，他們當時覺得，「哇！耶穌啊，能夠醫病趕鬼，能夠做這麼多神蹟奇事，那他一定有辦法把國王弄下來嘛，當耶穌把國王弄下來之後，嘿嘿，我們十二門徒跟著耶穌的，不就可以吃香的喝辣了嗎？」所以，耶穌的大弟子Peter彼得（梵蒂岡聖彼得大教堂的那個Peter）就覺得說嘿嘿，我至少可以當個宰相吧，或者當個外交部長、觀光部長等。

當時的門徒們可能是這樣思考的，這跟我們後來覺得說「哇，他們真偉大，他們這些後來一一為了基督教而殉教……」等想法，有一段落差，還好人是會學習成長的。講回來，這位尼哥底母，和另外一位法利賽人委員，他們後來聽說耶穌被釘死在十字架上，傷心欲絕。其中另外一位法利賽人委員，他有一個為自己預備的全新地墳墓，本來想說他自己時日不多了，就先準備好。結果這兩位算是耶穌的粉絲，當耶穌一被釘在十字架上確認之後，他們兩位聽到這個不幸的消息，立刻去找羅馬帝國負責這件事的巡撫，跟他說：「現在耶穌已經被釘死在十架上了，請你准

許我們，埋葬耶穌。」

於是，他們就把耶穌從這個十字架上取了下來，然後就好好地把耶穌埋葬在這個新的墳墓、石窟裡面。果然一切都是天父最好的安排，天父自有安排，要不然耶穌沒地方埋了，你想想看耶穌釘死在十字架上，安息日屍體必須要取下來。如果沒有地方埋，那不是曝屍野外嗎？若是被老鷹啄了，還是發生什麼奇奇怪怪的事情，就代誌大條了！還好，天父為耶穌，他的獨生愛子，準備了這個墳墓、這個石窟。

萬事互相效力

所謂天父準備了這個墳墓並不是說天父自己走下來，買了這個石庫、這個墳墓，而是天父會動用萬友，叫愛神的人得益處，《聖經》裡面的一句話，萬事互相效力，叫愛神的人得益處，只要你是愛神的人，記得嗎？整本《聖經》只有四個字，前面兩個字就是愛神，後面兩個字就是愛人，只要你愛神，只要你愛人，我們的天父，你的親生父親，天公伯仔，祂就會為你準備所有的一切，神的恩典夠用。

當耶穌被埋葬之後三天復活，復活之後又有很多很有趣的故事，我們後面可以再來跟你分享，現在我還在講前面的大綱。耶穌死而復活，哎呀，怎麼可能啊！死就死了啊，怎麼可能死而復活呢？我在網路上有看過一位非洲的牧師，因為非洲的人非常的單純，因為生活極為困苦，他們在精神層面就會很多時間的去追求。那位牧師，他為死人禱告復活。我當時因為還沒受洗，就覺得太扯了！你看連我是對基督教很想要多方學習的，我也覺得太

誇張了！但現在你再問我，我覺得可能真有其事。因為上禮拜我剛去上了一個教會辦的天國學校，他們天國文化、先知學校的課程，上課地點是在新店行道會河美堂，有一位講課的牧師，叫Kris Vallotton，他是已經當爺爺的人，也是很多本書的暢銷書作家。

簡單介紹一下，他本來是開什麼？開修車廠的，然後，他有很多過程跟經歷，他在這一次課程當中有講到一件事情就是在他們教會，美國伯特利教會已經有兩次，為死人禱告復活的神蹟奇事，這是他親口說出來的。另外一件他在這次先知學校課程當中提到的就是，三十多年前他在開修車廠的時候，有一套 DOS 系統，如果你太年輕可能聽不懂什麼叫 DOS，如果你聽得懂，恭喜你，跟我差不多年輕。

三十多年前 DOS 系統，電腦系統有這個軟體，就是他的修車廠用的軟體，這個軟體無法修改，找了很多工程師，甚至有朋友免費願意為他修改，都沒辦法修改，結果他就誠心地向神禱告。因為基督徒有倚天劍、屠龍刀，還記得嗎？就是宣告、禱告。我宣告你會成為一個很聰明的博士，我宣告你會成為一個很成功的 CEO，這個叫宣告。奉主耶穌基督的名宣告，這個是在基督徒弟兄姊妹裡面都知道，這是大有能力的，你的話語是大有能力的。

我要偷偷告訴你一件事情，就算你不是基督徒，你的話語也是大有能力的，只是一般人把這個大有能力的話語用在錯誤的方向，因為你一天到晚罵你的小孩「你怎麼那麼笨！你怎麼那麼髒！衣服怎麼都亂丟！你怎麼錢都亂花！」完蛋了，你的話語是大有能力的，當你不斷地咒詛你身邊的人，咒詛你的小孩，咒詛

你的長輩，咒詛所有的人，台語叫做詛咒別人死，英文叫curse，你會剋你身邊所有的人死，這是很嚴重的事情。就算你不是基督徒，如果你讀了《聖經》應該就知道，神的話語都是要造就、安慰、勸勉人，祂要講成就人的話，來給人信心、給人勇氣，所以記得，你的話語是大有能力。

後來 Kris Vallotton 牧師就禱告，禱告了一陣子之後，他有一天睡覺睡到凌晨三、四點，然後，他作夢夢到天父給他三行電腦程式的一些文字的內容，DOS 系統下面是要打一些指令的。Kris 牧師在三十多年前，他完全是個修車的人，他根本就不懂什麼叫做電腦程式，他完全是個電腦白癡，完全連開機都不會，他說凌晨三、四點，天父給他三行電腦程式的這個內容，就是什麼斜線，然後什麼英文字母……等。這時候他的太太，叫凱西，被他叫了起來，Kris 說：「我剛剛作夢，那個神給了我三行程式語言。」凱西說：「Come on！不要開玩笑了吧，現在是凌晨三、四點。」在美國冬天的時候是非常冷的，外面在下雪，他們家到這個修車廠還有一段車程距離，凌晨三四點，你要想，不要講在美國北美這邊，在台灣，冬天凌晨三四點，大約十幾度的溫度，人家叫你起床你也是不願意的。他的太太就不相信他，說：「你趕快回去睡覺，不要再鬧了。你這個完全不懂電腦的人，怎麼跟我講程式的事情。」他太太就不太想理他，但是Kris牧師就一直跟他太太說：「真的啦，我跟妳講，這是天父給我的三行字，程式碼，因為我一直跟祂求說這個電腦程式沒辦法修改，怎麼辦、怎麼辦？最後天父真的給我這三行程式碼。」

結果他太太ㄠ不過他，只好起床，他們就在很冷的冬天，冒著下雪的日子，到了修車廠。凱西把電腦打開之後，他就把他的

腦海當中的這三行程式，告訴他的太太，寫在紙上，事實上他不太會唸，所以唸很慢，他太太就拿紙跟筆說：「你可不可以把它寫下來，我聽不懂你在講什麼東西。」當他寫下來之後，他太太就在 DOS 系統，他們的修車廠的程式軟體裡面，輸入這個程式的第一行。輸入第一行之後，神奇的事情發生了，這個電腦程式就跳到他的後台去了，後來他太太凱西又輸入了後面兩行，結果輸入了後面兩行之後，更神奇的事情發生了，他們的這個修車廠的資料庫系統已經修改完畢了。當然前面還有更完整的故事，這邊我只是長話短說。

6 不知道並不表示不存在

看完 Kris 牧師的見證，第一個見證是在他美國的伯特利教會，有兩個人已經經過禱告死而復活，很多事情我們不知道，並不代表不存在。我舉例好了，在台灣其實有很多銀行，包含外商銀行，他們都有所謂的私人銀行。你知不知道什麼叫私人銀行？私人銀行就是你有現金存款超過三千萬新台幣，也就是一百萬美金的這些 VVIP，不是 VIP（VIP 在一般的銀行大概有三百萬到四百萬台幣的現金存款）。例如像星展銀行，在信義區這邊就有一家私人銀行，不是一般的銀行的樣子，一般銀行是有櫃檯，可以去辦一些銀行資金方面的事情，私人銀行則倒是很像私人招待會所。

有一次，我就誤闖了這個私人銀行，那個門口的警衛臉色就很難看，因為我可能穿的一副就不像有三千萬現金存在那邊的 VVIP 客戶。講到這邊，我不曉得你知不知道什麼叫私人銀行，我猜很多人根本就不知道，**很多事情，你不知道並不代表不存在，再講一次，很多事情你不知道並不代表不存在，第二句話跟你分享，不要批評你不瞭解的事情**，像聖靈感孕啦，處女瑪利亞，生下了耶穌，像耶穌被釘死在十字架三天後復活，這都是我們有限的人無法理解的，既然你已經知道你是有限的人，那你就知道，你不理解是很正常的。

在英文當中有一個字，叫superstitious，或名詞叫superstition，我們把它翻譯成叫做迷信，其實迷信這個字，從字根的角度來看

的話，superstition、superstitious，super 叫做高還是低？叫做高，能力高於一般人的人叫什麼人？叫superman，叫超人，所以super是高。stition、stitious，sti，sti 其實是什麼？stit 其實是 stand，站立，所以**superstition、superstitious**，<u>它真正的涵義是站在一個超越人所能理解的角度</u>。

其實，中文迷信、英文 superstition 的這個字，它的正確翻譯應該叫做超越人的理解的事情。所以迷信一點都不迷信，我從字根詞源的角度來分析給你看，就能夠完全地理解。這邊我可以再分享第二個英文字根，叫科學，science，science科學，sci 在字根裡面叫知道，科學的定義是什麼？是人知道的事情。那我問你，人是有限還是無限？答案：人是有限的。我問你，人知道的是有限還是無限？答案：有限的人知道的一定是有限的。世界上很多的天才，譬如說，排行世界第十一名，世界上有九百億人活過了，目前還活在世界上有七十幾億人，九百億人當中，世界排名第十一名聰明的人叫愛因斯坦，排行第五名聰明的人叫牛頓，Isaac Newton，艾薩克牛頓，就是被蘋果砸到的那一位，第一名聰明的叫做Leonardoda Vinci，達文西。世界上這些頂尖的天才們都有承認，靈感，inspiration，都來自於神的呼吸，spir，這我在前面有提過了。

從這些英文字根的理解跟分析你就知道，人跟神的差異。science 叫科學，後來這個 sci 你知道用在另外一些單字，譬如說意識、潛意識、精神，跟《夢的解析》（*Interpretation of Dreams*），這本書的作者佛洛伊德，他的精神分析論學說有關的理論。如果你上網查一下iceberg，冰山理論當中，他把人的大腦，思惟分成三個部分，最上面叫 conscious，就是意識層面，你現在正在上

班，你現在正在上學，或者你現在正在看這本書，你用的就是什麼？意識層面，conscious；非意識層面叫subconscious，或unconscious。sub是下面，subway是地下鐵，un是否定，unconscious叫無意識狀態。但是在這個conscious跟unconscious，或subconscious的中間，其實有一個叫preconscious，pre前，前意識，這個我們在前面好像也稍微提過，我這邊是用字根的角度再幫你重複一次，因為**科學家說重複十六到二十一遍，才能夠滾瓜爛熟，從短期記憶進入長期記憶。**

所以sci叫知道，那conscious就是意識所知道，preconscious就是意識知道之前，你的潛意識就已經感受到，什麼意思呢？你每天騎車、開車，已經有一段時間，請問，你每天早上要上學或上班，騎車或開車的時候，需不需要想一下第一步驟，把鑰匙插進去，第二步驟，把車子啟動，第三步驟，騎上摩托車，或坐進汽車，來做這個動作，需不需要？都不需要，因為你所有的動作都已經是preconscious，因為每天做、每天做很熟練，所以進入前意識，一氣呵成。

我常常開車到停車場，一停好車，離開停車場，走路幾分鐘之後，就會想說，我剛到底有沒有鎖車？結果時常不放心走回去一看，我真的有鎖，這個鎖車的動作已經形成一個什麼？preconscious，一個前意識的一個動作，自動完成。如果每一個人每一天所做的每一件事情，都要每一步驟去思考的話，未免對大腦來說也太累了，所以大腦會經過一段時間習慣之後，我們叫做內化，internalize，就變成一個一氣呵成的動作，吃飯、喝水等等也都是這樣。sci叫知道，跟你的alpha波比較有關係的，或者跟上面，老天爺要來連線的話，其實那就跟unconscious，跟subconscious 潛意識，還有這個無意識會比較有關係。當人把意識放空之後，最能夠跟老天爺來連線，跟老天爺連線之後你就會得到屬天的智慧，你就會得到天上的智慧，而不只是人間的智慧。

我以前不是拜道教神明當乾爹嗎？我有一位乾姊，她完全沒學過中醫，但是因為她跟神明乾爹有學過中醫相關的知識，所以她可以在中醫診所幫忙，這就叫屬天的智慧，因為在人不能，在神凡事都能，這是非常神奇的。

像三位一體、聖靈感孕、耶穌死後復生等都是一般人認為不可思議的事情，甚至耶穌升天不是只有十二門徒看到，有很多很多人看到，這些十二門徒為什麼願意為耶穌來殉道，因為他們見證到真的是不可思議的事情、神奇的事情，這些神蹟奇事。

🕊 最後不動的推動者

這邊我們從哲學的角度來思考一下，在哲學裡面有一個叫做最後不動的推動者，我會在這個段落的最後附上一個 QRCode，你可以透過手機來掃段落最後的 QRcode，就會看到一段在電影 *MIB*，中文叫《星際戰警》（威爾史密斯演的系列電影 *MIB*，Men in Black）第一集的最後有一段非常有趣地影片，能夠讓我們知道什麼叫最後不動的推動者。在這邊我先賣個關子，你可以讀完這一段之後用你的手機來掃QRCode，相信你可以對這短短一分鐘的影片，深有體會。我也不得不佩服這個導演跟製作人他們的創意。

從哲學的角度來講，最後不動的推動者，因為地球在轉，地球繞著太陽轉，月亮也繞著地球轉，這些行星宇宙不斷地在運

轉，請問最後是誰讓這些宇宙萬有事物不斷地運轉？按照哲學的邏輯推論之下，我們得到一個結論，這些萬有事物的背後一定有一個不動的推動者，這個推動者是誰，我們不知道，台灣人可能叫做天公伯仔，基督徒可能叫做上帝、天父，一般人可能叫做神（GOD）吧。

最後不動的推動者，在邏輯上勢必要成立，不然這些東西到底是哪裡來的？當然科學家說 Big Bang，大爆炸，說當初是有一個大爆炸，才有後來的萬物。你不覺得大爆炸的講法，感覺起來跟《聖經》「神說有光，於是有了光。」的講法非常相似嗎？跟華人神話盤古開天的說法也很像嗎？還有跟希臘羅馬神話故事凱俄斯（Chaos）生下天跟地也很像嗎？

在我的有限的理解範圍內，我覺得這些說法根本就是同一件事，只不過在各個不同的民族當中，他們用不同的描述，來敘述這些過程。所以，最後不動的推動者，就是天公伯仔、神、天父。記得在最後面掃 QRCode，看那一段一分鐘的影片，非常有意思。

永生已經成真

接著，我們來講永生，其實永生已經成真了，什麼叫永生成真呢？

在幾年前，Google 這間公司，它現在真正的名字叫 Alphabet，本來的母公司叫 Google，後來把它的母公司改成 Alphabet，現在的 Google 是 Alphabet 的子公司。你知不知道這件事情？很多人可能不知道，很多事情你不知道不代表不存在，我再次提醒大家。

現在真正的 Google 母公司叫做 Alphabet，我現在講 Google 其實就是在講 Alphabet，Alphabet 這家公司其實是以前的 Google 跟美國政府申請一個專利，這個專利簡單的講就叫 AI 代理人，什麼意思呢？

舉例來說，就算給我活一百二十歲，不管幾歲我都得死，因為人是有限的，對吧？在我都得死的狀況下，如果再活四十年，從現在開始計算，我已經使用 Gmail、Google 的這些工具已經約有二十多年的時間，再活個四十年，等於會累積我六十年的 Big data 大數據，萬一我真的不小心活到一百二十歲，哇！那他就有我八十年以上的這些 big data 大數據。這是什麼意思呢？當 Google，Alphabet 這家公司，它擁有了我四十年、五十年、六十年、七十年，甚至八十年，每天使用 Gmail、Google 上傳到臉書、IG 等等軟體的資料。而 Alphabet，Google 搜尋引擎是有機器蜘蛛人，他們每天都會自動上網抓資料，所有你自己的資料你可能沒存起來，但你放心，Google 都幫你存起來了，這聽起來是有點恐怖的。

有一天，我必須塵歸塵、土歸土，因為 hum 的字根告訴我們，人就是土捏出來的，神對這個泥人吹了口氣，於是人有了靈魂。有一天我不在了，但是，你很思念我，我的家人很思念我，我的學生有問題想要問我，怎麼辦？沒有關係，他們只要上 Google 官網，付一點錢，就可以申請調閱我的資料。以後 AI 會變成很便宜的科技，現在當然很貴，因為它的量、技術各方面不夠成熟、普及。當技術夠成熟、普及，那價格就會整個降低下來。像現在叫你用 2G 手機你還會用嗎？現在都 5G 了還在那邊用 2G，你想像一下，天國可能是 10000G 的手機通訊的概念，你就知道那是完全 out of our imagination，完全在我們想像範圍之外的事情。

7 永生 Gary 產生了

以後想念我的學生們、家人們，親朋好友們、弟兄姊妹們，就上 Google 官網去申請一個 Gary AI Robot，因為這個 Gary AI Robot，一定會要你填一些資料，這個人以前還活著的時候用的 e-mail 是哪一個，你就把我的 e-mail 提供給他，然後他就會透過這個 e-mail 的線索去搜尋我所有相關的網站、我的部落格。你現在只要上網 Google 打 127888，六個數字，127888，你就可以找到我的部落格，現在已經成立十多年了，今年累積突破五百多萬瀏覽人次，我在網路上的 big data 大數據是相當豐富的。

在這樣的狀況下，我雖然人已經回到天家、天堂去了，但是，你們可以跟我的 AI 機器人對話，現在當然主要是以文字模式，不難想像過個幾年之後可不可以用語音的方式？當然可以，因為文字模式再轉成語音模式就是一個媒介的轉換，把文字唸出來而已，那人如果問語音，語音翻成文字，讓他文字跟文字去對答，表面上對我們來說已經變成文字跟文字了，語音對語音了，其實對 AI 機器人來說他還是在文字跟文字的處理。

這時候一位永生 Gary 產生了，你問他，「Gary 老師，這個 hum 字根是什麼含意？」這時候 Google 的這個 Gary AI Robot 就會去搜尋所有 Gary 在世的幾十年當中，所有留下來的文字、圖片。你可能會說「Gary 老師，圖片的文字沒辦法辨識」你放心，Google 一定有辦法，Google 圖書現在在網路上已經有好幾百萬，甚至上千萬上億本書，全部是用圖片辨識的方式，去變成字元辨

識。（P.S.：這本書校稿的當下 LINE 軟體已經內建文字辨識功能。）甚至，我的影片、錄音檔，只要是在Google的雲端硬碟裡面，AI系統就可以去做語音分析，做語音分析之後把它變成文字搜尋，變成文字搜尋之後，在瞬間短短的幾秒鐘之內，就可以立刻回覆你說hum，就是土，就是濕，就是人。再舉個例子，我現在正在寫這本書，用的方式是先錄音起來，然後提供給我們正在做文字編輯的惟文，來幫我們做文字編輯，我這個錄音檔就是放在 Google 的雲端硬碟裡面，當有人申請 Gary AI Robot，這時候Google就會啟動一個機制，把所有跟 Gary 這個人有關的e-mail、雲端硬碟、網頁、臉書、IG以及他所有可以搜尋得到的資料，圖片也好，語音也好，影像也好，全部自動辨識一遍，自動辨識一遍之後就可以抓到我現在正在跟各位講這個內容。對於人來講這是非常不可思議的事情。如果你有理解我剛才跟你說的這一段有邏輯性的內容，就會知道，永生已經來臨，再過不久，人機整合系統、類神經網路就會問世。

你要不要當電腦人？

下一個問題就是，你要不要跟電腦結合？當然站在基督徒的角度我要提醒各位弟兄姊妹，《啟示錄》所講的就是末日的來臨，裡面有提到，人會被做上記號。這些被做上記號的人，他就不能永生、不能升上天上、不能到天堂，所以根據《啟示錄》的說法，人最好不要跟電腦結合在一起，這一點我先提醒你，給你參考。如果你是基督徒，你真的很想要上天堂、得到永生，這一點你務必要記得；如果你還不是基督徒，你覺得跟電腦結合還不

錯，It's up to you, freewill, remember？自由意志。自由、醫治、釋放、恩典。這是為什麼我很喜歡基督教的原因，因為它從來不勉強你，天父有滿滿的恩典要送給你，但是你有自由意志，你可以決定接受，也可以決定不接受。It's up to you，由你自己決定。

永生已經成真了，我剛才講的 AI Robot 概念你已經明白了吧？現在聽說，更厲害的來了，就是把這個 AI Robot 做成人的樣子，只需要一個很小的儲存硬碟空間，然後做成一顆頭的模樣，既然可以做成頭的樣子，那模仿我的樣貌去做出一個實體 AI Gary 機器人應該不難吧？只要再加一些費用，頭按照我的臉去做，然後其他身體部分做成機器人的身體就可以了。

不難想像，幾十年過後，尤其我再活個幾十年，這科技早就很成熟了，在死之前我就把我的 AI 人頭做好，然後我就把我的這些 AI 程式全部灌進去，甚至把我的遺言全都放進去，我想跟誰說的什麼話我全部放到這個我的 AI Robot 裡面去。而身體是實體 AI Gary 機器人，機器人不會壞，機器人壞了可以修理，前陣子不是有一部電影名叫《艾莉塔：戰鬥天使》（*Alita：Battle Angel*）嗎？一樣的，她的核心頭腦只要不壞，可以換任何的身體，而且愈換愈堅固，愈換愈好，她的體能是無限的，因為她是機器人。你可以想像以後如果警察都是機器戰警，哇！那是什麼樣的時代，壞人就完蛋了，但是道高一尺，魔高一丈，壞人也會用機器壞人，到時候就很好玩了。因為永生已經成真。而當永生成真時，我可以上天堂嗎？

如人飲水，冷暖自知

接下來，我要跟你說明一下天堂與地獄是否真的存在？我個人沒有去過觀落陰，所以我不知道。但是我作過一些夢，在《聖經》裡面有說作異夢，這個夢，根據佛洛伊德的說法，它是在無意識跟潛意識當中。而我現在則是用意識在跟你講話、寫這本書，你問我到底有沒有天堂地獄，我現在也不知道，只有你自己體會，如人飲水，冷暖自知。

　　坦白講我不知道夢到天堂地獄是真是假，但是，在這本書的最後，有一篇是在講洪漢義弟兄──Teddy 哥的故事，他過去曾經是亞洲最大的黑幫 14K 的老大，也是亞洲賣毒品賣最好的黑幫老大，每一天可以進帳幾千萬港幣的那種人。他後來竟然信耶穌，裡面有很多神蹟奇事，一本小小的《聖經》，讓他的生命起了天翻地覆的變化。

　　一樣，我這邊先賣個關子，歡迎你看完這一章之後，掃描這本書最後的附錄，有我個人為你精選的感動見證。我前面講過黃國倫老師的見證，不曉得有沒有提過李蒨蓉姊妹的見證，就是阿帕契事件的李蒨蓉。對一般人來說，藝人碰到這樣的一個事件，是非常非常大的打擊，但是李蒨蓉姊妹因為她是基督徒，自由醫治、釋放恩典，她在教會做了很多的見證，分享她的心路歷程，前幾天在一篇新聞中又看到李蒨蓉姊妹，她送點心給跟蹤他的狗仔，李蒨蓉姊妹，Good Job！你做到了愛神愛人。

　　關於天堂跟地獄以及永生，Teddy 哥做了很棒的見證，其實我們用人的理解方式來說明的話很簡單。李蒨蓉姊妹碰到阿帕契事件，如果她用一般人的理解的方式去對應、反應的話，她可能就自殺了，壓力大崩潰了，還好她是基督徒，她跟神禱告、宣告，她跟神懺悔，求神憐憫，讓神給她智慧來妥善解決這些事

情。她開始變賣手上的名牌包，以前當藝人可能一場主持就賺二十萬、五十萬，那時候用錢很揮霍，沒有當天父的好管家，她家裡很多名牌包，很多鑽石、項鍊、戒指、耳環。在阿帕契事件的這一段時間，她一一拿出來變賣，她說因為以前收入很高的時候常去百貨公司精品店，到最後沒辦法，沒有收入，沒有生活費，她就把這些東西拿出來賣，精品店的店員還很好心，幫她做見證，因為有人要跟她買，但是怕她是詐騙集團。

你要想像這心理的變化有多難受，以前是大把大把鈔票來這邊買精品，現在沒有生活費，要拿以前買的精品來賣。李蒨蓉姐妹做的就是這樣的見證，因為有天父，她就從地獄進入了天堂，她說現在她過著很簡樸的生活，很難想像以前她怎麼這麼奢侈、這麼浪費，這就是天父、耶穌聖靈的神奇之處，祂可以改變你的生命，可以讓你透過生命改變來傳福音。這也是為什麼兆鴻老師要這麼努力地一個多月寫完這本書的原因，因為我的生命被改變、被翻轉了，我得到自由醫治、釋放恩典。我多麼的希望，在看這本書的你，也能夠得到自由醫治、釋放恩典，但是，Free Will，自由意志，你必須自己下定決心。如果你有感動，請翻到這本書的序言，跟著唸就可以了，**也歡迎你每週四，兆鴻老師在台北市八德路二段 203 號地下室二樓，台北基督徒聚會，早上十點到下午三點，等你來聊聊請你喝咖啡。**

洪漢義弟兄的見證裡面他提到了，真真實實的見證，他被耶穌帶到了天堂，去參觀天堂，天堂是多麼的金碧輝煌，他被耶穌帶到了地獄，去體驗一秒鐘地獄的感覺，他說我這個曾經是亞洲最大K14黑幫的老大，一秒鐘也承受不了地獄的痛苦。我先爆個料，洪漢義弟兄，有四個老婆，你就知道他滿開心的，洪漢義弟

兄除了有四個老婆，他還有八個女朋友，到時候你在這本書最後面的附錄，掃 QRCode 就可以聽到看到他的見證。他現在已經回到天家了，英文叫做 restinpeace，RIP，祝他安息，永生回到天父的懷裡。洪漢義弟兄有四個老婆、八個女朋友，他總共有十二個女人，你就知道他在性方面是需求非常大，或者說他有一方面很大的沉迷，他在見證當中講的比較保守，他說「我是非常喜歡女人的，不能一天沒有女人。」但是，《聖經》裡面有提到，不可以淫亂，不可以淫亂包含婚前性行為、婚外情等。很多人看到這裡，心裡想完蛋了完蛋了，我以前還不認識耶穌，有婚前性行為。別擔心，我以前也不認識耶穌，我以前也有婚前性行為，只要你願意認錯、悔改，從今天開始，避免再犯同樣的錯誤，你的罪就已經被赦免了，因為耶穌已經為我們的罪被釘死在十字架上。除了婚前性行為算淫亂，還有婚外性行為也叫做淫亂，在《聖經》裡面，合乎《聖經》規定的，只有夫妻，必須是夫妻，男女朋友不算喔，因為還沒有正式結婚，只有夫妻關係，才是合乎《聖經》規定的這種親密關係。

當 Teddy 哥，洪漢義弟兄，被耶穌帶到天堂、帶到地獄參觀之後，他說：「哇！我在地上這麼淫亂。」他那時候已經慢慢把他的毒品事業關閉了，賭場的事業也逐漸關閉。剩下就是情色、淫亂這一段，他靠自己的力量沒辦法把它完全的戒除，他去過天堂、地獄之後就跟耶穌禱告，請天父給他力量。

你這時候會覺得很奇怪，怎麼有時候兆鴻老師講耶穌、講天父、講聖靈？因為天父、耶穌、聖靈本來就是三位一體。那我先預告一下後面有一個章節我會更完整說明，你只有一個父，就是天父；你只有一個主，就是主耶穌基督；你只有一位老師，就是

聖靈，詳細的內容我後面再補充說明。

🕊 不是倚靠勢力

洪漢義弟兄，Teddy 哥他就跟耶穌禱告：「請祢給我力量，讓我有辦法跟這四個老婆、八個女朋友慢慢的斷絕關係。」沒想到他後來從天堂、地獄回來之後，真的跟這十二個女人，就慢慢斷絕了關係，不只如此，她們當中還有很多人去信主，甚至還有幾位去唸了神學院。果然，Teddy 哥，洪漢義弟兄是被天父所揀選的，因為一旦他信主之後，他身邊的親友，包含混黑社會的幫派弟兄們，通通會跟著他信主，後來他的事業是做全世界七十家養生會館連鎖事業，提供更生人工作機會，一年免費提供吃住，讓他們完全的翻轉人生、改變生命，當然他的養生會館全部要求是基督徒。這是多麼大的恩典，多麼大的一個福音，在佛家叫做福報。

這邊先把架構簡單地跟你說明一下，這些非基督徒不太容易理解的事情，後面我會一一再來為你詳細地解釋，對你瞭解福音有非常大的幫助。

我們這一段的結尾，用一個比較特殊的、和之前不同的方式，我們這一段用主禱文。主禱文是在《新約聖經》裡面唯一一段，主耶穌基督親自教導他的十二門徒怎麼禱告的一段內容，這一段主禱文是非常非常重要的，你也可以上網直接打主禱文，甚至網路上很多詩歌都是用主禱文做的，所以這一段，我們來唸一下主禱文做這一段結束的禱告。

馬太福音六章九節到馬太福音六章十三節。如果你願意的

話，看著書，跟著唸。

我們在天上的父，願人都尊祢的名為聖，願祢的國降臨，願祢的旨意行在地上，如同行在天上。我們日用的飲食，今日賜給我們，免了我們的債，如同我們免了人的債。不叫我們遇見試探，救我們脫離凶惡，因為國度、權柄、榮耀，全是祢的，直到永遠。

AMEN
AMEN
AMEN
感謝主
HALLELUJAH

我們來開始今天的禱告。

親愛的天父感謝祢賜給我們恩典滿滿的每一天
不管現在在看這本書的你身上有什麼疾病、病痛
因為耶穌的鞭傷
所以你的病痛得到醫治
因為耶穌所受到的刑罰
所以你心裡得到平安

以上禱告
奉主耶穌基督的名求
AMEN

8 打造你的精品人生

你不是 dirt cheap，不是廉價貨，cheap goods 是便宜的貨物，可是 cheap 這個字在英文，後來延伸出另外一個意思，叫做廉價的。

高雄有一位牧師，我們叫他蒙恩哥，在高雄 FIGHT.K 這個教會的蒙恩哥。他說，我們開的這個 FFashion 髮廊，我們開了寶貝兔牙醫診所，我們給家人們，注意喔，他說我們不是給客人，我們是給家人們，他說我們給家人們的叫做家人恩典價，千萬不要說很便宜啦、打折啦，這都是另外不同的說法。我們給最棒的東西，但卻給他最棒的什麼？**家人恩典價**。打一個比方來說，這本書的價值，坦白講，我個人不是老王賣瓜，自賣自誇，因為我是擺上了我的生命來寫這本書，所以第一，它至少值四十年青春歲月的價值，讓你可以少摸索四十年。

第二個，這本書裡面提到的福音真理讓我得到自由、醫治、釋放、恩典，我前面也有提過，如果你要去找一個心理醫師，聽你講這些你過去一生所受過的創傷，幫你醫治的話，可能費用也會不少，至少幾萬塊、幾十萬不等。好的狀況是你有被醫治成功，萬一沒有被醫治成功，很不幸的，有一部分的人，一輩子都沒有被醫治，一輩子都沒有得到自由、醫治、釋放、恩典，一輩子鬱鬱寡歡，那是多麼辛苦、多麼痛苦的一件事情。我們自己得到醫治後，要憐憫這些人，開始透過自己生命改變來傳福音。**如果你有感動，請翻到這本書的序言，跟著唸最後一段話，也歡迎你每週四，兆鴻老師在台北市八德路二段 203 號地下室二樓，台**

北基督徒聚會，早上十點到下午四點，等你來聊聊我請你喝咖啡。

兆鴻老師現在用自己的生命故事，自己得到醫治、得救的經驗來跟你分享，無非就是希望你也能夠透過閱讀這本書，你的內心的創傷就可以開始得到自由醫治、釋放恩典。我不曉得這個對你來說有多大的價值，但是我會很開心你因為看了這本書，而得到了自由醫治、釋放恩典（是的，現在拿著書到櫃台結帳，回家慢慢看吧），因為你的生命並不是dirt cheap，你的生命是honored, beloved, cherished，也就是你是尊貴、有價值、被愛的，你是尊貴、有價值、被愛的，你是尊貴、有價值、被愛的。因為很重要，所以講三遍。

很多人在一生的過程中，不管是遭遇情侶分手，夫妻離婚，或是跟爸媽的關係破裂，經商失敗，又或者是其他更多在人生當中會碰到的負面事件，就因為這個事件，從此一蹶不振。認為我的生命就是沒有價值的，我會被這樣對待就是因為我不配得、我不值得，我的人生跟垃圾沒有兩樣，這個其實是最大也完全錯誤。

你是珍貴、有價值、被愛的

第一個重點，你知道嗎？當你一出生的時候，你就是冠軍，而且你還是億萬個精子當中的游泳冠軍，這樣聽得懂嗎？

第二個重點，你不只是億萬的冠軍，你還是全世界獨一無二的，因為這個世界上，除了一些少數的雙胞胎兄弟和姐妹之外，這個世界上，我們大部分的人在這個世界上只有一個你，我叫Gary，我叫兆鴻老師，這個世界上只有一個Gary，只有一個兆鴻老師。記得，你是獨一無二的，You are very unique，uni在英文的

字根裡面就叫做一，數字一的意思，que 是法文形容詞字尾。

今天早上在寫這一篇內容的時候，突然有這樣的感動，這是來自於天國的信息，希望對你有幫助。接下來我們即將要進入精品人生 Part 4，在這個部分我想開始來跟你談更深入的內容，雖然我只有受洗兩年左右的時間，對於《聖經》理解的功力自認還不是最厲害的。但是，受洗前、受洗後，讀神學院之前、讀神學院之後，我覺得對我人生來講有著天翻地覆的大改變、大翻轉，對於《聖經》真理的理解的程度，可能在受洗前、讀神學院之前是連百分之五都不到。但因為去唸了神學院、受洗了，因為 KS 集團呂董事長打算在金門，或者是開曼群島蓋神學院、蓋詩歌的音樂廳，所以我特別認真、努力的讀《聖經》，學習各方面《聖經》的知識，想當然受到最大益處的就是我自己，而現在我想來跟您分享。

在我大概瀏覽完整本《聖經》的大意之後，我理解了非常多《聖經》裡面屬靈、屬天國的奧秘，這本書真的是太神奇了！我也非常希望正在看這本書的你，如果你看完這一個段落，你有一個感動，你想去翻一下《聖經》，事實上，台灣有一個單位叫基甸會，是免費在送《聖經》的，你可以聯絡基甸會，當然你也可以聯絡兆鴻老師，你說「兆鴻老師，我讀了你的書，我想要跟你要一本《聖經》，可以嗎？」我會毫不猶豫地回答你「沒問題！地址、電話留給我。」**如果你有感動，請翻到這本書的序言，跟著唸最後一段話就可以了，也歡迎你每週四，兆鴻老師在台北市八德路二段 203 號地下室二樓，台北基督徒聚會，早上十點到下午四點，等你來聊聊我請你喝咖啡。**

講到這邊，我是不是應該放一個索取《聖經》的QRCode？這樣好了，如果你需要索取《聖經》，你就用你的手機掃描這個章節最後的QRCode，這個 QRCode會引導你到一個免費索取《聖經》的表單，你只要填上姓名、電話、地址，我就會把《聖經》免費寄給你。

　　記得，**你是天父的王子，妳是天父的公主，你是珍貴、有價值、被愛的，You are cherished, precious, beloved.你是珍貴、有價值、被愛的。**

9 聖父、聖子、聖靈，三位一體進階版

這個部分我們開始來探討比較深度的、屬靈的這些觀念，第一個我想跟你討論的，是在《聖經》裡面很多，甚至連很多基督徒都不太能接受、都不太理解的一個觀念，叫做三位一體。

你在看一些好萊塢的電影的時候，如果他裡面演到了天主教堂，你常會看到神父、修女們，把手放在頭上，然後就說聖父；把手放在左邊肩膀，然後就說聖子；最後把手放在右邊肩膀，最後就說聖靈。他們說聖父、聖子、聖靈，做三位一體的動作禱告。

站在有限的人的思想，因為思維定行為，行為定作為，人的思想跟神的思想範圍和能力絕對不一樣，因為兩個立場不同，我們前面有解釋過那個superstition, superstitious，就是中文翻迷信的這個字，其實一點都不迷信，因為它的意思是super，超越；stit，站在、立場。站在一個超越人所能理解的立場，當然就是所謂非科學的立場，也就是神的立場，但是人因為不瞭解，認為那是迷信，所以迷信一點都不迷信，這是前面一個章節的內容。

來到這個章節，我們要跟你分享的是三位一體，聖父、聖子、聖靈進階版。在老子《道德經》當中，老子寫到，一生二，二生三，三生萬物。這對於西方人來說，覺得哇！太厲害了吧！怎麼可以想出這個東西。如果你問一個老外，一生二，二生三，然後呢？他一定說三生四、四生五、五生六、六生七。

西方人是一個怎麼樣的呢？比較線性的，因為他們強調個人主義，這跟文化、傳統有關係，所以就一個一個關聯，他們喜

歡、習慣的做法就是一步一腳印,一個接著一個,這樣去累積發展出現代科學文明,還有國防工業。

在中國,兩千多年前的老子就跟我們說了,一生二,二生三,三生萬物。三就多了,這在很多地方可以證明,第一個,從中文中,眾人的「眾」就可以解釋,在《聖經》裡面有一句話,「兩、三個人聚在一起,奉我的名禱告,我就在他們當中;因為你們彼此相愛,眾人就認出你們是我的門徒。」約翰福音 13:35。這裡,我要再講一個關於聖父、聖子、聖靈,三位一體,進階版的概念。世上有幾十億的基督徒,有的基督徒正在遭遇很多不幸的事情,也有基督徒正在承受很多神的恩典,當你很喜樂的禱告的時候,神的靈和你在一起;當你很悲傷的時候,你的家人面臨死亡、疾病的時候,你禱告的話,神的靈也和你在一起。聖靈和悲傷的人無時無刻同在,聖靈和喜樂的人無時無刻同在。

 聖經加油讚!

> 豈不知你們的身子就是聖靈的殿嗎?這聖靈是從神而來,住在你們裡頭的。(哥林多前書6:19)

事實上你的身體就是聖靈的殿,殿就是宮殿,為什麼基督徒要活出聖潔?因為你活出聖潔,聖靈就常駐在你心,你就能夠常跟聖父、聖子、聖靈交流、溝通,聖靈會常常給你一些感動,讓你有先知的恩膏;相反,如果你常常淫亂,你常常賺一些不義之財,這時候聖靈就會退到旁邊,因為,聖靈會覺得你不想要跟祂交通、交往,因為你做的事情都是一些不愛人、不愛神不義的事。

　　其實佛家說的，心莫向外求，就是這個意思。因為我們是神所創造的，神的靈就在我們裡面，我們的靈魂就是神的呼吸，就是神的一口氣啊！現在你知道你自己有多珍貴了，為什麼你是王子、為什麼妳是公主？因為你是神所造，因為靈就住在你裡面，所以我們要活出聖潔，我們要透過生命改變傳福音。

　　這個章節最後，我打一個比方，這有點像網路 Wi-Fi，或者我們常用筆電或手機，如果你的筆電、手機沒有連上網路，那你的筆電、手機就只能使用單機的功能，這些功能已經不錯了。但是，當你連上 Wi-Fi 以後，不管你是英國人、美國人、台灣人、加拿大人、德國人、還是法國人，一連上網路，我們通通變成網路人。所以，我們本來是各自的生命個體，小 being，但是當我們常常禱告，常常能夠與神親近，我們的靈就常常和神連線，住在我們身體裡面的靈能夠和神、和天父連線的話，我們就連上了天國的網路，那我們就在天國的網路裡面合一，成為天國人。

　　為什麼在教會裡面常常出現一些神蹟奇事？因為弟兄姊妹們常常禱告，所以完全連線在天國的 Wi-Fi 裡面，當我們連線在天國的 Wi-Fi 裡面，在高雄的一位牧師可能在禱告的時候會從這個網路，天國網路當中去接收到一個天父給他的信息，這個信息可能是台北的靈糧堂的一位姊妹，她的家裡正遭受到重大的變故的信息，神是特別眷顧孤兒寡母的，神就跟這個高雄的牧師說，你要來周濟這個孤兒寡母，台北靈糧堂的孤兒寡母會覺得實在是太神奇了，我只是跟神禱告而已。其實就是因為你跟神禱告，你就連上了天國的Wi-Fi，牧師天天跟神禱告，所以他也在天國的Wi-Fi範圍裡面，神就自動幫你們配對聯結合一了。

　　講到這邊，你應該更能夠理解，為什麼在教會裡面有這麼多

神蹟奇事：使瞎眼得看見、腳有問題的能夠行走、長短腳的會長出來，還有癌症的病人得醫治……。兆鴻老師是心裡面的創傷透過唱詩歌、跟聖父、聖子、聖靈禱告，得到自由、醫治、釋放、恩典，所以現在才有這本書，我很認真、很努力的寫，就是希望能夠幫更多人。

比較白話的說法是這樣，如果你很認真，願意讀到這一章，其實你已經進入更深一個層次的理解。你已經知道兆鴻老師寫這本書，不是表面上幫更多人而已，而是希望更多人的靈魂得救，不管你有沒有受洗，不管你有沒有去教會，不管你認為你是不是基督徒，你只要說：「耶穌，幫我，耶穌，救我，耶穌，我願意敞開我的心，我願意接受祢成為我的救主。」講完上面這幾句話，恭喜你，你已經是實質的基督徒，你已經有基督徒精神，接下來你要做的就是，常常喜樂、不住禱告、凡事謝恩。感謝主、感謝主、感謝主。

《聖經》濃縮精華四個字

我前面講過，整本《聖經》濃縮精華只有四個字，還記得嗎？請原諒我有老師的職業病，一，會不斷的複習，因為科學家說要重複十六到二十一次；二，老師的職業病，會不斷的考你。哈哈，整本《聖經》濃縮精華只有四個字，答案叫做「愛神、愛人」，沒錯！愛神、愛人。

眾人的「眾」，如果你把它轉成簡體字，請問是不是就是三個人？沒有錯，就是三個人。眾人的「眾」，就算你是寫繁體字，注意看上面寫完之後，下面還是怎麼樣？還是三個人。我再

舉一個英文的單字做例子。在英文裡面有一個字叫 tribe，tribe 這個字叫做部落，部落這個字非常的神奇，因為 tri 代表數字三，譬如說 triangle，三角形；tricycle，三輪車。tribe 這個字，tri 代表數字三，請問一個部落至少幾個人啊？三個人喔，爸爸、媽媽，當作酋長、酋長夫人加酋長跟酋長夫人的小孩，恭喜你，你們已經算一個部落了。當我跟我太太生下第一個小孩，恭喜，這叫 Gary 部落。當然這是開玩笑的講法，因為我們已經從老子那邊知道一生二，二生三，然後呢？三生萬物。三以後就不要算了，因為三就是多。

兩千多年前，另外一位跟老子見過面的偉人叫做 Johnny「兆鴻老師，兩千多年前有一位 Johnny 跟老子見過面，我怎麼不知道？」你實在是太孤陋寡聞了，因為這位 Johnny 就是仲尼嘛，就是孔仲尼，那就是誰呢？對，就是鼎鼎大名的孔子，瞭解嗎？孔子跟老子見完面之後，孔子的弟子有三千，他有三千個弟子們，問他說：「夫子夫子，您跟這個老子見完面之後，你覺得他是何許人也啊？」孔子講的意思大概是這樣，他說：「平常我見到任何人，我都覺得，可能是術業有專攻，聞道有先後，在某一方面是非常專業的，但是我跟老子見完面、講完話之後，我發現他實在是，叫做飛龍在天啊！」就是讓人無法捉摸，實在是高深莫測，這是孔子對老子的描述。

孔子一定是一個非常瞭解老子的人，而且孔子一定熟讀了老子寫的《道德經》。因為，老子當時所處的年代是春秋戰國時期，他曾經擔任過相當於現在的國家圖書館館長這個職位，當時，用這個木頭、竹子來編成竹簡，然後來寫或刻，在這樣的狀況下，一本書可能要幾百卷、幾千卷才能讀完一本書。我在想那

時候書不多，孔子勢必是熟讀了老子很多的書，或者是老子這本《道德經》，他一定瞭解老子說的一生二，二生三，三生萬物這個道理。後來孔子講了一句話，「三人行，必有我師焉。」你一定很熟悉，請問三人真的是指三個人嗎？答案當然不是，三人是指眾人，孔子的意思是，在一群人當中，一定有很多我可以學習的對象。孔子的這句話，完全體現了《聖經》當中講的，「上帝阻擋驕傲的人，上帝會提升謙虛的人。義人所願，必蒙應允。」那這個義人是誰呢？中文字，忠義的「義」，上面是一隻羊，下面是一個我，所以義是什麼？羔羊為我而死、為我而犧牲、為我而獻祭。耶穌，道成肉身來到了地上，為我們的罪而死，祂就是義人。

因為耶穌的死，我們受洗，我們得救，我們得到自由、醫治、釋放、恩典，所以我們要為他人而死。你看到這邊，你會說「兆鴻老師，這麼嚴重啊，我要替他人而死，我才不要呢！」請你不要太狹隘地來思考為他人而死這件事情，其實為他人而死，我舉一個最簡單的例子就是，如果你現在自己是獨立住一個房間的話，你回家就關在自己的小房間裡面，活在自己的世界裡，這個就是為自己而生、為自己而活。什麼叫為他人而死呢？就是你回家，走出你的小房間，走到客廳去關心一下你的爸爸，去關心一下你的媽媽，去關心一下你的兄弟姊妹，甚至去關心一下你們家的傭人（如果有請傭人的話）。聖靈剛才感動我，叫我要跟特別是得到神很多祝福的這些人來說，你們已經得到很多神的祝福了，更應該把「愛神愛人」這四個字，深深地烙印在你的大腦當中。因為你已經承受了很多神的恩典，當你又能夠愛神、對神有敬畏的心，讓你又能夠愛人，你的財富，你在地上的這些基業，

一定能夠長青，一定能夠富超過三代。華人常常說富不過三代，很多的原因，總結起來，其實就是沒有做到愛神、愛人。

小存在 VS.大存在

講回來這個 tribe，tri 代表三，你知道原來這個數字三是大有學問的，那 tribe 後面的 be 是什麼呢？在神學的理論裡面，be 加上 ing，如果是小寫 b，being 叫做存在，這個在西方哲學的存在主義裡面也是這樣的概念。

神學、哲學裡面的 being，小寫的 b，叫做小存在；大寫的 B，叫做大存在。小存在，簡單的講就是人；大存在，簡單的講就是神。在政大唸哲學系四年級的時候，曾經修過一堂課，這堂課的課程名稱非常有意思，叫做時間與空間。如果你不是哲學系的學生，大概很難理解，時間與空間老師怎麼講一學期，怎麼講十幾週，要怎麼樣考期中考、期末考，要怎麼樣交報告？其實這個要延伸來討論是一輩子討論不完的。所以我這邊才說，要很「簡要地」說明，小 being，就是人；大 Being，就是神。因為若是要完全解釋給你聽，那可是說不盡的。

那人跟神有什麼關係？按照《聖經》創世紀篇，當神創造了世界萬物之後，神從地上捏了把土，按照祂的形象捏出了人，所以我們人長得跟神一樣，沒有錯，不要懷疑。但是這個泥人沒有靈魂，於是神對著泥人的鼻孔吹了一口氣，於是人有了靈魂，所以我們人的靈魂來自於神的一口氣。

being 就是存在體，我們個人活在地上的時候，我們就是小存在體，但是基督精神裡面，我們有常常講一個叫合一。我們要

合一弟兄姊妹，合一的境界會比這個一般公司企業裡面講的團隊合作，team work 再更高一個程度、一個等級。

 聖經加油讚！

> ㉖神說：「我們要照著我們的形象，按著我們的樣式造人，使他們管理海裡的魚、空中的鳥、地上的牲畜和全地，並地上所爬的一切昆蟲。」㉗神就照著自己的形象造人，乃是照著他的形象，造男造女。（創世記 1）

當然我現在是從人的角度來看這件事情，因為 team work 是大家透過各自的才能、努力，在公司裡面創造業績、創造營收，讓公司得以營運下去。甚至在地上我們說，我要上市、我要上櫃，我要 IPO，上市、上櫃之後，就等於努力到一個段落，有相當的成績，大家可以一起來分享，大家 team work，團隊所創造出來的這些財富。這是一個程度等級的說法、用法。

基督徒說的合一，更是在心靈上面、屬靈方面的合一，不論你是哪一個國家的人、信哪一個宗教的人，我們全部都是天國人，這是屬靈的說法。或許現在你第一次聽，不太瞭解、不太懂，很簡單，請你重複幾次？對啦，十六到二十一次，就會從短期記憶進入長期記憶。

10 全球肺炎只能去哪一國?!天國

　　合一代表我們全部都是天國人，天國的誡命是什麼？我一直在重複，愛神、愛人，其實你不用認為說，我一定是基督徒我才能愛神、愛人，你是佛教徒、你是道教徒、你是其他宗教的教徒，請問，應不應該愛你的神啊？應不應該愛你周遭的人啊？答案：當然應該愛呀。所以，如果你還不是基督徒也沒有關係，你就把神當天公伯、老天爺。老天爺在呼喚你，老天爺叫你要愛神、愛人。

　　我們一定要敬天，對老天爺、對天父、對上帝，要有敬意，就像你的父親、你的母親，或許他們在地上對你所做的事情、對你的照顧，你不認為說自己爸媽有什麼了不起「哎呀你看，我多羨慕別人，別人的爸爸留給他產業、留給他事業，留給他多大的公司」「別人的媽媽多愛他、多照顧他、給他多少錢讓他出國唸書、讓他……」也許，你的爸爸、媽媽在這一些方面比不上別人的爸爸、媽媽，但我相信大部分的父母，包含我的父母，在他們那個時代所要面臨的一些挑戰，不是我們現在所能理解的。

　　基督徒常說以基督的心為心，就是這個意思。當你越能夠設身處地，英文叫做 Put your self in others' shoes.把自己放到別人的鞋子裡，意思就是說你能夠站在別人的角度去思考，那你就能夠在愛神、愛人的方面做得更棒。

　　講到這邊，聖靈感動我，叫我要懺悔，因為我常常沒有站在我老婆的角度去思考。上班，還真的滿累的，要開會，長官、董

事長、總經理交代很多的事情，同事、幹部、部屬當中也有很多的事情，例如部屬搬家、部屬被房東逼著要換房子、部屬家裡面爸媽生病、部屬家裡面貓狗生病、部屬談戀愛失戀、部屬……。雖然跟我們當幹部的沒有直接關係，但是，部屬會來跟你講這些事情，當幹部的人怎麼辦？因為要愛神、愛人嘛，你要聽他講，那聽他講要不要花時間？要啊！所以，很多的時間就在這樣的過程當中就用掉了。我要跟我老婆懺悔，回家為什麼很累？因為在公司很多大大小小的事情。我現在在輔導一家連鎖餐飲集團，即將要開連鎖便利超商，餐廳大大小小的事情遍佈全台灣，行銷企劃要不要做？網路行銷要不要思考？跟跨國的上市、上櫃公司集團合作要不要洽談？都要啊。甚至，我們集團在開曼這邊，準備要投資二十二公頃的土地開發案，有沒有很多的細節？有啊！我現在在寫這本書的時候，是 2020 年農曆新年的期間，過不久，我就會到開曼群島實際的考察。（一切都是最好的安排，因為美國流感與肺炎行程延後至 2020 年暑假）

這邊我要懺悔，親愛的老婆大人，我應該多多站在妳的立場來思考，體諒妳的辛苦，回家我盡量幫忙掃地、拖地、洗碗，好，懺悔結束。阿們。

要以耶穌的心為心，以基督的心為心，我們常常要思考，愛神、愛人。三位一體，這個三，現在你已經瞭解了，就是一生二，二生三的三，後來三生萬物，就是孔子說「三人行必有我師焉」的三。那麼巧，剛好你看，《聖經》裡面又講到，聖父、聖子、聖靈，三位一體。聖父當然就是我們的父，我們的天父，也

就是創造宇宙世間一切萬物的那一位，哲學裡面講的，推動一切最後不動的推動者，叫做天父，那聖父、聖子、聖靈，三位一體，這個是聖靈說，聖靈感孕，這是我們後面的另外一個題目。我們這個部分講解完聖父、聖子、聖靈，接下來你再來理解聖靈感孕，你就能夠大部分瞭解並接受，用人有限的邏輯思考。

🕊 《聖經》第一男主角

聖父，在《聖經》創世紀篇當中，開篇就說，神的靈運行在水面上，第一句話，神的靈，所以，《聖經》第一位出現登場的是誰？答案就是神。這一位神就是天公伯，就是老天爺，就是盤古開天，就是 Big Bang（大爆炸）也是希臘羅馬神話故事裡面，生下了天跟地的那個混沌之神卡俄斯 Chaos。

> ✝ **聖經加油讚！**
>
> ①起初，神創造天地。②地是空虛混沌，淵面黑暗，神的靈運行在水面上。（創世記 1）

神的靈運行在水面上，神不是自己來創造世間萬物，神是用祂的什麼？祂的靈，神的靈運行在水面上，聖靈是第二位在《聖經》裡面登場的，很重要的一個角色，因為神的靈運行在水面上，淵面黑暗。到這邊，其實《聖經》創世紀篇開篇，聖父跟聖靈都已經登場了，那聖子呢？其實也是在此時登場，只是在舊約，耶穌還沒有成為一個主角，或者說祂還只是一個隱藏伏筆的

角色。

　　神的靈運行在水面上，從這邊你就知道神就是天父、聖父，靈就是聖靈，天父跟聖靈，在創世紀篇開篇就已經登場，並且開始創造世間萬物。神說這一切甚好，所以又創造了天上的鳥、水裡的魚，最後神說，這一切都很美好，於是地上捏了土，按照神的形象捏出了人。第一位被神這樣創造出來的人，就是被誘惑而墮落的亞當（犯罪被逐出伊甸園）。

　　而神本來的心意，是把亞當放在伊甸園當中，根本不愁吃、不愁穿，因為伊甸園裡面有這麼多的果子，很自然的成長，按時候結果。神覺得人獨居不好，這裡表達了神對人的心意，男人一個人不好，男人要搭配一個女人，夫妻只有丈夫不好，為什麼不好？因為生不了小孩。那人獨居不好，因為一個人太孤單，一個人容易受到撒旦的誘惑、墮落，所以要有夫妻，神就為亞當創造了夏娃。亞當跟夏娃，本來生活在伊甸園當中，是王子、公主，過著幸福快樂的日子。但是，偏偏撒旦化身為蛇來誘惑亞當跟夏娃，讓他們吃了「分辨善惡樹」上面分辨善惡的果實，於是人開始有了罪。其他樹的果實，神都說可以吃，就是這個分辨善惡的果實不能吃，偏偏啊，亞當跟夏娃犯了這個罪，從此以後，女人跟蛇勢不兩立，這在《聖經》裡面都寫得很清楚。

　　關於聖父、聖子、聖靈的說明，到這邊，已經有兩位重要角色出現了。那聖子，也就是主耶穌基督，祂是在新約才正式登場為男主角，但是在舊約當中也有先知預言，彌賽亞要降臨、要來救贖。《聖經》當中有提到五個職分，在主耶穌基督的門徒、使徒們當中，有教師，有牧者，有先知，有使徒，還有傳福音的，基本上有五種職分，而先知就是能夠發預言的人。

其實從一個程度上來講，我們每一個人都是先知，為什麼呢？因為當你對你的小孩說「你怎麼那麼笨！你笨死了！笨蛋嗎？」我跟你報告一下，你就是先知了，因為你已經預言你的小孩是笨蛋、白癡了。你說：「兆鴻老師，我不想要我的小孩這樣啊」很好，你如果不想要你的小孩這樣，那你就應該說：「你真的是太聰明了！」你說：「兆鴻老師，我的小孩真的很笨啦，真的很氣啊，很想罵人，怎麼辦？」這時候你就說：「你真的是很HALLELUJAH（哈利路亞）」用HALLELUJAH來取代你要講的負面的話「你真的很HALLELUJAH，你再繼續這樣HALLELUJAH下去我就給你HALLELUJAH。」

話語是大有能力的

✝ 聖經加油讚！

③神說：「要有光。」就有了光。（創世記1）

話語是大有能力的，因為《聖經》創世紀篇，神說有光，於是有了光。人是按照神的形象造出來的，所以人的話語也是大有能力的。切記切記，千萬要想辦法，把你常說的那些負面的話語去掉，要常常提醒你自己，多講正面的話語。

《聖經》裡面講，先知應該講的是造就、安慰、勸勉人的話，但現代先知在所謂的基督教會裡面，其實他們沒有以基督的心為心，因為他們有很棒的先知恩膏，什麼意思呢？就是他按手在你身上，就可以看到你過去的發生的一些事情，包含你過去所

犯的一些罪，那一些沒有以基督的心為心的先知，就會覺得這個人有罪要悔改，甚至有的先知不願意跟那個罪人講話。我們人類本來就是有罪，你是先知，應該造就、安慰、勸勉人而不是落井下石。

我聽過靈糧堂信中牧師，信中哥講的一段話，我覺得他講得非常有道理。他說，如果你是以耶穌基督的心為心且有恩膏的先知，你應該是看到這個人有罪，然後你跪下來為他懺悔、為他禱告，這才是真正充滿愛心的先知。我完全認同，因為這個就是愛神、愛人，以基督的心為心的最好表現。講到這裡，聖父已經登場了，聖靈也已經登場了，聖子在《舊約聖經》裡面是用預言的形式登場，在《新約聖經》當中，聖子當然就是講到彌賽亞降生為世，東方的博士遠到來朝拜。

聖子作為聖父唯一的獨生子、愛子，如果你有一個兒子是你的獨生子，他本來和你在天上過著平安喜樂的日子、永生的日子，但是因為你創造了人所犯的罪，你要讓你這個獨生子道成肉身，降生在這個地上，並且還要為人所犯的罪來犧牲、死掉、來被釘死在十字架上嗎？如果你是這位父親，你是願意還是不願意？我相信大部分的人會說，我當然不願意啊！我創造的人犯的罪，甘我的獨生子什麼事啊？甘我的愛子什麼事啊？但是我們的天父願意為了我們，讓他的獨生愛子道成肉身，到了地上，為了贖我們的罪而被釘死在十字架上。

承認人的軟弱

如果你很認真、詳細讀《聖經》的話，其實，在耶穌被釘死

前的那個晚上，他在橄欖園做禱告。他道成肉身，已經變成為人了，不是與聖父、聖靈同在的形式，那個完美的形式已經轉變成不完美的形式，而這個不完美的形式，有肉身的軟弱。所以主耶穌基督被釘死在十字架上的前一晚，在橄欖山上禱告時，他也面臨了人肉身軟弱的考驗。他在禱告當中，一度在想說：「父啊，可以挪去這杯（「這杯」大略指的是苦難）嗎？」這象徵著肉身的軟弱，不只是身為人的我們會面臨到，連耶穌都會面臨到。

結果，經過一夜的禱告之後，聖父、聖靈，加添給耶穌力量，還有天使也降下來給耶穌力量。這時候，耶穌有彼得等三位門徒，因為肉身的軟弱，全部都睡著了，他們本來是耶穌希望能夠在橄欖園的門口來幫耶穌做守望警醒禱告。但是，因為人肉身的軟弱，他們好幾次全部都睡著了，都沒有幫耶穌做守望禱告。從頭到尾，只有耶穌一個人真正完成了這個晚上的禱告，這也證明了人確實是充滿軟弱的，確實是很常禁不起考驗的，不要說一般人，就連很多的牧師、牧者傳道，因為人肉身的軟弱，在金錢上、在情慾上也會受到考驗。

你作為正在讀這本書的讀者，受到考驗也是很正常的；你的軟弱，父都知道，但如果你希望耶穌成為你的救主，你希望天父能夠憐憫、能夠施恩，那你從今天起，就來懺悔、禱告、認錯，你就能得救，你的靈魂就能夠有機會進入天國，享受永生、永樂的、長久的喜樂生活。

聖父、聖子、聖靈，三位一體，他本來是合一的，這又對應到人的合一，其實神也是合一的，但是因為神要來動工，神用祂的靈運行在水面上，開始來創造世間萬物；神要來動工，因為神不可能自己下來，來替人死在十字架上，所以神派了祂的獨生愛

子，彌賽亞、救世主、主耶穌基督，來為人的罪死在十字架上。

講到這邊，你已經有概念了，聖父、聖子、聖靈，三位一體，但是祂們又各自能夠動工、行神蹟奇事。包含在主耶穌基督被人抓起來那個時候，彼得拿了一把刀，然後對抓耶穌的人砍了一刀，這時候他的手就斷掉了，耶穌這時候把手按在這個手斷掉的人身上，結果這個人的手立刻就恢復了，聽起來是不是太扯了對不對！天父是創造宇宙萬物的天父，無所不能，聖靈也是跟天父一起動工，創造宇宙萬物的聖靈，那麼祂要讓人長出一隻手，就像我們捏一個泥人，我們要幫一個手斷掉的泥人再捏一隻手，簡不簡單？當然很簡單啊！我們站在人的角度幫泥人來捏，是非常簡單的，但是如果你要站在泥人的角度來幫泥人自己捏一隻手，那就很困難了。當我這樣子打比方，你應該就很清楚，天父要幫我們創造所有一切是非常容易、非常簡單的。

我們來做一個結束禱告。

親愛的天父

感謝祢賜給我們屬天國的智慧

今天在寫這一個篇章的時候

我感受到聖靈大大的充滿

我感受到聖靈來引導

天父祢給我屬天的智慧開路

讓我用天國的智慧來跟地上的弟兄姊妹們來交通

天父我們感謝祢

感謝祢對我們的愛

感謝祢對我們不離不棄
感謝祢就算我們犯了罪
祢對我們憐憫、祢對我們來施恩

感謝天父
因為我們每一位都知道我們是天父最寶貴的孩子
我們是天父的王子、我們是天父的公主
我們禱告求天父賜給我們屬天的智慧、屬靈的寶藏
讓我們在地上的每一分、每一秒、每時每刻
都能夠行出愛神、愛人的行為

我們願天上的父
祢的旨意行在地上如同行在天上
賜給我們日用的飲食
讓我們免了人的罪
如同祢免了我們的罪

以上禱告
奉主耶穌基督的名求
AMEN
AMEN
AMEN
HALLELUJAH
感謝主
讚美主

PART 4

要勝過這個世界

「若不是耶和華建造房屋，
建造的人就枉然勞力；若不是耶和華看守城池，
看守的人就枉然警醒。」詩篇 127：1

1　天父愛的一封信

我們開始這個章節的禱告。

親愛的天父
這是我們在 2020 農曆新年後繼續為了《啟動
幸福人生的密碼：阿爸父為你設計的精品人生》
這本書的最後的幾個章節來做工

親愛的天父
現在是中國武漢病毒正在肆虐的時候
但是我們知道在人不能，在神凡事都能

親愛的阿爸天父
我們相信、我們也知道
祢是一切的造物主、全能的造物主
只要祢願意
任何午間滅人的病毒
必不臨到我們
也必不害到我們

親愛的天父
求祢來保守兆鴻老師
求祢來保守在幫我們做文字編輯的惟文

一切在行的道路上平安
我們的親屬朋友家人們也都平安喜樂

以上禱告
奉主耶穌基督的名求

　　前面寫到了過去以及部分的現在，在本書的最後幾個章節段落，要寫未來，而在此之前我想要先跟你分享，天父愛的一封信。

　　這個段落的第一篇叫做天父愛的一封信，後面還有幾個章節，我先說一下標題，分別是要勝過這個世界、你跟我都是天父所揀選的、國際金融版的五餅二魚，還有最後三個標題分別是，GARY五年後當牧師?!KS兩年後美國上市?!以及新年過後第一次淹水。

　　以上幾個標題，就是我打算在這一個部分跟你分享的。

　　首先先來看天父愛的一封信，

天父說：
我的孩子
你或許不認識我，但我卻認識你的一切
你坐下，你起來，我都曉得
我也深知你一切所行
就是你的頭髮也都被數過了

你是照著我的形象所造的
你生活、動作、存留、都在乎我

你也是我所生的
甚至在你尚未成形之前我已曉得你

在創立世界之前我已揀選了你
你不是個錯誤，你所有的年日都記在我的冊上
我定準你的年歲和所往的疆界
你的受造是極奇妙可畏！

我在你母腹中塑造你
領你從母腹中出來

我被不認識我的人所誤傳
我並非冷漠而憤怒的，乃是完全的愛

我願在你身上揮霍我的愛
只因為你是我的孩子，我是你的父親

我能給予你的，遠超過地上的父親所能給予的
因為我是完全的父

你所領受的各樣美善的恩賜都是從我來的
因為我是你的供應者，我必供應你需的一切

我向你所懷的意念是要見你末後有指望
因為我以永遠的愛愛你
我向你的意念其數比海沙更多

我因你歡欣喜樂
我決不停止施恩與你
因你是我珍貴的產業

我全心全意栽培你於此地
我要將偉大奧秘的事指示你

如果你一心一意尋求我，就必尋見
以我為樂，我就把你心裡所求的賜給你
因為是我在你心裡動工，使你心裡能立志行事

我能為你成就一切，遠超過你所求所想的
我是你最佳的鼓勵者

也是在一切患難中安慰你的父親
你傷心的時候，我靠近你
如同牧羊人懷抱羊羔，我懷抱你在我胸前

有一天，我要擦去你一切的眼淚，
並帶走你在世上一切的苦楚

我是你的父，我愛你如同愛我的兒子耶穌一樣
因為在耶穌裡，就顯明我對你的愛

祂是神本體的真像
祂來是表明我要幫助你，不是敵對你

並告訴你，我不追究你的過犯
耶穌受死，使你可與我和好
祂的死，是我愛你最極至的表達

我為你捨棄的我所愛的一切，使我或許能得著你的愛
你若接受的這份禮物我的兒子耶穌，你就接受了我
無論任何事都不能就我的愛與你隔絕

回家吧！
讓我為你預備一個在天上所見過最大的宴席

我一直是父親，也是永遠的父親

問題是
你願意成為我的孩子嗎？

我在等著你
愛你的爸爸

全能的上帝

這一篇天父愛的信，來自於全能的上帝、愛你的天父爸爸，每一位王子、公主，天父爸爸對你有無盡的愛，英文叫做 End less Love。

王家三兄弟

接著我來跟你分享王家三兄弟這個主題，看過前面的內容就知道，我從小是在沒有父親的童年中長大，真的不清楚跟父親的互動是怎麼樣，現在我自己有兩個小孩，一個八歲，一個五歲，哥哥叫 Yoyo，弟弟叫 Jasper。

這一段內容，我想要寫給 Yoyo 跟 Jasper，因為我從小沒有父親，讓我非常想要當一個好父親，當我有了第一個孩子 Yoyo 之後，我就一直盡力地扮演好一個父親的角色。

Yoyo 的出生非常有趣，他是 2012 年 12 月 21 號出生，如果你還有印象的話，2012 年 12 月 21 號，當時有一部好萊塢的電影《2012》。據說這一天是瑪雅人的曆法裡面計算出來的世界末日這一天，結果我的大兒子 Yoyo 在世界末日的這一天，早上六點鐘準時出生，那一天在我的臉書上面我打的是「末日重生」，因為那一天大家認為是末日，但是卻是我的大兒子 Yoyo 出生的日子，這是一個很有趣的出生的日子。

第二個很有趣的地方是 Yoyo 是 12 月 21 號出生，我的生日是 12 月 22 號。雖然只差了一天，但是我們的星座卻不一樣，因為 12 月 21 號通常被歸類在射手座，而 12 月 22 號通常被歸類在摩羯座，當然有一些星座書裡面可能會有一、兩天的日期差異，譬如說有的書可能把 21、22 都列為射手，有的書可能把 21、22 都列為摩羯，我以前在自我介紹的時候常常會開玩笑的說「不好意思，我叫做射摩座。」就是射手加摩羯座，而且血型又是 AB 型，你看是不是四重人格分裂的感覺（開個玩笑！）這就是 Yoyo，我的大兒子。

我的小兒子叫 Jasper，Jasper 是 6 月 28 號出生，哥哥八歲，弟弟五歲，我現在講的是台灣人的虛歲。我非常享受每天跟這兩

位小王子相處的時間，可能是因為跟爸爸的相處經驗少，為了彌補我心中那永遠缺憾的一塊，我特別喜歡跟他們相處。且不斷地思考，我要怎麼樣來為他們未來的人生給他們最好的支持。這個支持不管是金錢方面和教育上的支持（這些方面他們的媽媽、我的老婆已經想很多了），或者是精神上的支持，又或者是無條件的盲目支持，甚至希望能夠學習天父對我們無止盡、無條件的愛（End less Love）一樣來愛他們。

剛才在天父愛的信裡面已經提到了，在我們還沒有接受創造之前，天父已經認識了我們，因為我們每一個人都是游泳冠軍。這個我在前面也有提過，因為你已經勝過了幾百億個精子，成為了受精卵，經過媽媽懷胎十月的時間，媽媽很辛苦地把你生下來，你才能出生。而你的生日也是母難日，記得慶祝你生日的同時，也要跟媽媽說一聲感謝。

除了感謝媽媽，你也要感謝爸爸，雖然我從小沒有爸爸，但是我還是要提醒我爸，感謝你的爸爸，不管你的爸爸對你好還是不好，也不論你的爸爸是不是很早就過世了，還是你從來不曉得你的爸爸是誰，都要感謝你的爸爸。因為沒有你的爸爸也不會有你，一般人是無法像耶穌一樣，被聖靈感孕由瑪莉亞來生下祂的，因為我們是人，有限制有罪的人。

講回來王家三兄弟，我兒子出生以後我就一直在思考怎麼樣跟他們做互動，在跟我大兒子互動的時候我就發現，Yoyo是一個比較敏感、有一點神經質的小孩。譬如說手有一點破皮，他就會很緊張啊，「嗚……爸爸，手受傷了……嗚……流血了……」等等，這是他的與生俱來的個性。哥哥 Yoyo 他的外表長得跟我小時候比較像，我們第一次到八德路基督徒聚會時，教會的同工就

說：「哎呀Yoyo，你跟你爸爸長得真像啊！如果你想要知道你四十年後長什麼樣呢，看一看你爸爸，就會知道了。」看完這段對話，你就知道我們長得有多像，台灣話「孩子不能偷生」，就是都看得出來，同一間公司生產的。但是除了外表上像之外，還有一個地方，就是他很瘦又高，瘦跟高也是跟我比較像，有一句話叫 Like father like son.（有其父必有其子），就是這個意思。

因為「又瘦又高」，我想到了一件事，就是「小學一年級的時候大便在褲子上，不曉得怎麼處理」那樁糗事，後來回想一下，這個很可能是因為我腸胃的問題。所以之後我就會特別提醒 Yoyo，要注意吃東西的時候別太快，因為他在嬰兒時期，喝牛奶時有發生過幾次狀況，新手爸媽可能都看過、聽過，叫做噴泉。他吃東西吃得很快，牛奶一下就吸完了，結果沒幾分鐘吸完之後，竟然就像噴泉一樣噴出來了，這代表他的腸胃消化方面並不是很好，後來我們帶他去給醫生檢查，其實是有賁門閉鎖不全，所以他喝完牛奶很快就會像噴泉噴出來，後來我提醒他吃東西要放慢速度，不能吃太快。

哥哥也很喜歡看書，他現在在學校裡面也得過幾次不錯的成績，但是我個人一直覺得說成績不是最重要，其實我小時候成績也還好，這個前面分享過，小學一年級第一次月考，四科滿分，全班第一名，結果從那時候開始愈來愈退步、愈來愈退步，到六年級畢業的時候是全班第二、三十名了，國中時逐漸變成放牛班的成員之一。從前段班到放牛班，然後到幾乎全部都不及格，只有國文、英文很高分，偶爾滿分。

很多爸媽誤會孩子笨，其實是跟科目會不會引起學習興趣有關係，我自己老師當了二十幾年，很清楚這件事情，所以我希望

把重點放在培養他閱讀的興趣，培養他對任何事情的好奇心。另外，我覺得 Yoyo 更要培養的是對於別人的同情心，以及對於自己有的東西要樂於去分享給所有的人。（因為他有時候有點小氣，哈哈）

Yoyo，如果你在看這本書的話，這是爸爸對你的愛、爸爸對你的提醒，爸爸絕對不是要責備你。剛才在天父愛的信裡面就講到了，我願意用無止盡的愛，來給予你，我願意把我無止盡的愛揮霍在你的身上。我看到在你的身上，有一些可以再進步的空間，這叫為父的心。我們可以用這個為父的心去想像天父為父的心，或者去想像耶穌的心，後面會有一個章節段落叫做以耶穌的心為心，就是這個意思。如果我們可以設身處地的從別人的角度來思考很多的事情的話，或許我們在溝通上就會更容易。（在這裡我要跟老婆再次懺悔）Yoyo 外型跟我比較像，高然後瘦，不過 Yoyo 你放心，等你結婚、三四十歲以後，就會跟我一樣胖，現在有很多人都說怎麼那麼瘦，瘦皮猴、皮包骨，好好享受現在的身材吧！

這邊我要講一件很重要的事情，就是當基督徒有一個很大的好處，譬如說，剛才我講的，很多人看到 Yoyo，就是跟以前我小時候很多人看到我一樣，就覺得說：「唉呀，你怎麼那麼瘦！」對基督徒來說，儘管我是瘦皮猴、皮包骨，也沒有關係，因為我有天父的愛，我要接受不完美的自己。人本來就是不完美，我有完美的耶穌來愛我，我有完美的天父來愛我，我就可以接受不完美的自己。而當你可以接受不完美的自己之後，你就更容易接受不完美的其他人。你就能愛你的敵人、愛你的鄰居如同愛你自己。

其實兩千多年前的孔夫子就說了：「己所不欲，勿施於人。

己之所欲，常施於人。」我大膽的假設，孔子根本就是個基督徒，因為在孔子很多的言論以及四書五經當中提到了多次的上帝，孔子知道老天爺是我們共同的父親。

Yoyo，以上是爸爸對你的提醒，希望你知道爸爸對你有無止盡的愛，也期望你上國中、高中過程順利。至於上不上大學我覺得並不一定需要，因為現在這個時代是 AI 的時代，現在這個時代是線上學習的時代，現在有很多類似 Udemy 這樣的平台、很多線上有正式學分課程，只要在線上把課程完成、把作業完成，經過教授打分數、核准，這個學分就等於拿到了。

以後的大學不是唸台大、政大、清大，以後的大學是我們在各個經過認證的線上學習網站平台，自修來把這些學分修完，做完他的作業，教授給你打分數、批准就可以了。有一些是要收一些費用的，有一些甚至可以免費學習。譬如說經過 Google 認證、微軟認證、臉書認證等等，各大跨國集團、各大網路平台認證，這些認證通常是跟理工相關的為主，當然也有一些是非理工相關的課程。舉例來說，經過一段時間線上學習，結果你修了大概一百多個學分，然後你就可以開始考慮你要在哪一間大學畢業。像很多美國私立大學常春藤聯盟的，哈佛、史丹佛這一些，他們都已經開始接受你在網路上修完一定的學分，譬如說畢業學分是一百三十個，那你修完了一百個之後，最後三十個你必須選一間學校，畢業還差三十個學分，我就選了哈佛做為我實體領畢業證書的這個學校，修完哈佛的三十個學分實體課程之後，我就會拿到某一個領域，或甚至是跨領域的大學的畢業證書。現代孩子面臨的時代與爸媽面臨的完全不同，所以上不上大學不是最重要，而是你在這一生當中有耶穌的愛，有天父的愛，還有你的所有親朋

好友們，你學校同學們對你的愛，這才是最重要的。

講完了 Yoyo，我來講一講 Jasper，Jasper 他有一個缺點，當然這是開玩笑的說法，就是不像我，他特別帥，他長得比較像媽媽，他小時候的照片很像舅舅，跟舅舅小時候的照片幾乎是一模一樣，他外表長得比較像媽媽那一邊。

Jasper，爸爸要告訴你，爸爸並不會因為你長得比較像媽媽，就愛哥哥多一點、愛你少一點，爸爸對你的愛一樣是無盡的愛。就像剛才天父愛的信裡面寫的一樣，孩子，我對你的愛是無止盡的愛，是 never-ending love，end less love，我想要把我無止盡的愛揮霍在你的身上，雖然有時候你真的很皮，真的會惹爸爸很生氣，會被揍屁股。孩子是一定要教訓的，因為《聖經》裡面有寫，一定要教訓小孩，《三字經》也有寫，《聖經》跟《三字經》，這兩本經都有寫，玉不琢，不成器，人不學，不知義。不聽話經過一次警告、兩次警告、三次警告還不聽，當然就拿棍子要揍下去了。但是，不管是 Jasper 還是 Yoyo，你們應該都記得，爸爸不會一生氣就拿棍子打人，而會提醒一次、提醒兩次、三次，真的生氣了只好拿棍子起來揍人了。

Jasper，爸爸希望你知道，拿棍子揍你真的是逼不得已的事情。你特別可愛也特別帥，也很聰明，反應也非常靈敏；哥哥跟我很像，真的，因為我是屬於勤能補拙型的，並不是天生非常聰明型的；媽媽，也就是我的太太（我們家的公主），其實她是天生十分聰明，思考非常敏銳的，雖然我好像在課業上唸了不錯的大學，唸了碩博士班，但其實我在生活方面常常是個白癡，那這方面常常要靠媽媽來照顧我。（感謝老婆，老婆我愛你）

很多時候她會提醒我，你這個為什麼不這樣做啊？為什麼不

那樣做啊？我就會覺得說哇！妳怎麼那麼聰明啊！怎麼可以未雨綢繆，想得這麼遠，想得這麼完善，對於長輩的照顧，對於家人的照顧，還有送禮各方面等等，真的，沒有我老婆，我真的是個生活白痴。在這邊我要趕快說一下、拍一下馬屁，老婆，我愛妳，感謝有妳，因為有妳，讓我的生命變得更完整。不過這一段是講王家三兄弟，老婆不能講太多（笑）。

Jasper 比哥哥反應更敏銳，學習能力各方面都更強，但是他有一個小小的、需要加強的地方就是他不太喜歡讀書，我講的不喜歡讀書是相對於哥哥而言，他自己也是滿喜歡拿書起來翻看。不過，常常沒有耐心把一本書從頭到尾看完，會覺得說哇，這好多字啊，不想唸，就把看到一半的書擺旁邊了。相對於 Jasper，Yoyo 比較有這樣的耐心閱讀，Jasper 因為現在年紀還小，爸爸對你並沒有太多課業上面的要求，只希望你能夠平安、健康長大。

我們叫做王家三兄弟，因為我小時候沒有爸爸的關係，自己就在想如何跟小孩相處，自己發明了我們三個一組的 slogan，我就會帶 Yoyo，Jasper 一起呼口號，我們是：「王家三兄弟！」王家三兄弟，就這樣誕生了。

以耶穌的心為心

講完了王家三兄弟，我們來講以耶穌的心為心，以耶穌的心為心是什麼意思？如果你詳細的讀《聖經》的話，你會發現，當初的十二門徒並不像我們想像的這麼神聖、這麼偉大，畢竟他們也是人啊。他們是普通人，他們是一般人，以前我還沒有徹底的把《聖經》讀過之前，只是覺得說，十二門徒真偉大，跟著耶穌

這樣子犧牲奉獻。後來詳細讀完《聖經》之後發現，原來十二門徒剛開始以為耶穌要當以色列的王，跟在耶穌的身邊有可能可以當宰相、封官、封侯、封爵，能夠做大官……等等很多好處嘛，結果後來發現不是，原來耶穌不只要做以色列的王，而是要做全地的王，撒瑪利亞直到地極。其實耶穌前面在跟他們講很多傳道、講道的時候，其實十二門徒是聽不太懂的，《聖經》裡面有一段，耶穌說：「但如今有錢囊的可以帶著，有口袋的也可以帶著，沒有刀的要賣衣服買刀。」結果門徒就說：「拉比，我這邊有一把水果刀，我這邊還有另一把刀。」（拉比就是老師的意思）這時候耶穌說了兩個字很有趣，耶穌說「夠了」。請問耶穌說夠了，是說兩把刀夠了嗎？耶穌說夠了是說你們真的是夠了，我跟你們講半天，只是在打個比方呀。

 聖經加油讚！

> 他們說：「主啊，請看，這裡有兩把刀！」耶穌說：「夠了。」（路加福音 22：38）

《聖經》裡面很多是預表、譬喻的說法，並不是真的是指那個東西，譬如說葡萄藤、葡萄枝。葡萄藤就是耶穌指祂自己，然後葡萄長在葡萄藤、葡萄枝上面，代表著當我們人類軟弱的時候，我們就要把自己當成葡萄，必須依賴、依靠在葡萄藤、葡萄枝上面。

聖經加油讚！

主是真葡萄樹①「我是真葡萄樹，我父是栽培的人。②凡屬我不結果子的枝子，他就剪去；凡結果子的，他就修理乾淨，使枝子結果子更多。（約翰福音15：1－2）

　　教會要以耶穌為首，耶穌是教會的頭，教會是耶穌的身體，我們基督徒弟兄姊妹在教會裡面，不管你是牧師，教師，先知，傳福音的，還是什麼職分，你都是教會身體的一部分。因為教會是耶穌的身體，耶穌是教會的頭，這個概念弟兄姊妹們要非常清楚地理解。

　　以耶穌的心為心，其實在《聖經》裡面看到很多次，耶穌已經很受不了了，我要忍耐你們到幾時呢？這個淫亂、罪惡的世代。

聖經加油讚！

⑲耶穌說：「唉！不信的世代啊，我在你們這裡要到幾時呢？我忍耐你們要到幾時呢？把他帶到我這裡來吧！」（馬可福音9：19）

　　你想想看耶穌是完美的天父道成肉身到地上來，祂本身是完美、完善、無缺的，到了這個罪惡的地上，看到人做了很多罪惡的事情，他非常憐憫，在三年多的傳道期間醫治了瞎眼的，醫治了瘸腿的，醫治了大痲瘋的，甚至有好幾個人從死裡復活的。如果以傳統佛教的說法或道教的說法，人有三魂七魄，然後因果報應，這個人已經死了，他已經還一個因果報應，結果耶穌又把他

從地獄又把他拉回來，哇，那這個因果報應不曉得要怎麼算？！

　　如果你要用佛教、道教的理解、邏輯等六道輪迴來解釋的話，真的是沒有辦法解釋，只有一個辦法可以說明，這個解釋的辦法就是，聖父、聖子、聖靈，三位一體。耶穌道成肉身到地上來跟我們傳福音，聖靈住在我們的身體裡面，我們的身體就是神的殿。（聖父、聖子、聖靈這個觀念在前面已經說明過了，如果你是跳著看的，請你回到前面去，把聖父、聖子、聖靈那一章稍微讀一下，理解一下，你就更能夠瞭解）當你做壞事、做淫亂的事之時，你身體裡面的聖靈就會退到一邊，因為祂會知道你做的所有的事情，祂也會知道，當你做這些不好的事，表示你不想和祂同行。

　　依我自己的經驗判斷，其實我們很多人並不是一直想要做壞事，就像我前面提過的，許多人現在可能被網路社群媒體所捆綁，包含我自己過去以前也是一樣，就是忍不住想看色情影片，可是事實上心理一直想說不要看、不要看，但你D槽硬碟裡面的影片，刪了又下載，下載又刪了，刪了又下載，下載又刪了，這個就是受到色情影片綑綁，撒旦邪靈綑綁。

　　如果你翻開書剛好看到這裡，我要恭喜你！人其實不只有色情影片的綑綁，包含抽菸，菸癮的捆綁，包含吸毒，毒品的捆綁，包含賭博的捆綁，包含可能你為感情所困，感情的綑綁，包含你為金錢所迷惑受到捆綁，這些全部通通是綑綁。當你能夠坦然無懼，來到天父施恩寶座面前，你就可以請天父給你力量，請耶穌救你，請聖靈教導你，你可以說「耶穌，救我。天父，救我。聖靈，求祢來教導我，讓我有智慧，讓我來脫離一切的捆綁。」然後接著說「以上禱告，奉主耶穌基督的名求，AMEN」

就這麼簡單。

　　經過幾次禱告之後，你會發現你的綑綁愈來愈少，甚至到最後你可以幾乎完全沒有色情的綑綁、金錢的捆綁、感情的捆綁、負面思考的綑綁，很多很多的捆綁都不見了。「以基督的心為心」來解釋，耶穌基督的心，就是要給你自由、醫治、釋放、恩典，因為你本來就是自由的，經過了社會化，在人類的環境裡面被不斷的挾制跟綑綁了，包含媒體的捆綁、爸媽對你的洗腦綑綁……等諸多捆綁，其實經過這樣簡單禱告，求天父給你力量，求耶穌來救你，求聖靈來教導你，這一切的捆綁都可以被瓦解、被斷開。

　　前面王家三兄弟的那一段我講到一半，我再來補充一下，講到 Yoyo 的腸胃並不是很好，跟我一樣。一般我們就會覺得因為爸爸有家族遺傳的某一些疾病，或者某一些狀況，我們也會有相同的狀況。舉例來說，我的頭髮不太多，因為我從小就相信，我是我爸爸的兒子，在後來我看到他的照片，包含他在自殺前，我在跟他相處的短暫幾次時間當中，看到他的形象，他都是禿頭的樣子。所以很自然的，在我的心裡面我會覺得，他是我爸爸，我是他兒子，我一定、應該就是跟他一樣，就是到了一定的年紀就會開始禿頭，就會掉頭髮，果然，如我所料，你看我是不是諸葛神算。

　　其實一部分是因為你心裡接受了這樣的暗示、提醒，慢慢的你就相信會變成跟你爸爸一個樣。

2　要勝過這個世界

　　基督徒有什麼好處呢？自由、醫治、釋放、恩典，如果我早一點成為基督徒，我就會宣告，我就會禱告，基督徒的倚天劍、屠龍刀，你還記得嗎？我會宣告，求天父來斷開我跟我爸爸在頭髮上的基因的連結，因為天父是宇宙萬物一切的造物主，他有大能，在人不能，在神凡事都能，祂一定可以斷開基因上的這個連結。

　　我跟Yoyo，都有腸胃方面的一些狀況，還有一些消化不良的狀況，所以我們吃東西，自己要特別注意、小心。我不是說，作為一個基督徒，一切我們都靠禱告就好了，其他什麼事都不用做，我並不是這個意思，因為我們在地上活著，我們還是人，活生生的肉體，這個肉體還是必須按照世界的規則來運作、來運行，一個部分是這樣子；另外一個部分在《聖經》裡面提醒我們，我們要勝過這個世界，我們不要被這個世界勝過，因為這個世界是有罪的世界，這個世界是有限、有形的世界，那我們要突破這個有形的世界，進入無形的世界，勝過這個世界，用愛來勝過一切。

 聖經加油讚！

> 因為凡從神生的，就勝過世界。使我們勝了世界的，就是我們的信心。（約翰一書5：4）

聖經加油讚！

> 不要效法這個世界，只要心意更新而變化，叫你們察驗何為神的善良、純全、可喜悅的旨意。（羅馬書12：2）

我在這邊要宣告，Yoyo，你的腸胃的問題要得醫治，求天父來醫治 Yoyo 腸胃的問題，還有他的皮膚過敏的問題；求耶穌來給予他能力、給予他力量，讓他不要一直來抓皮膚；除去異位性皮膚炎，求天父來醫治他的異位性皮膚炎，求天父來完全醫治；求天父來治療他的腸胃方面的狀況，讓他的腸胃一天比一天的健壯。

透過這樣的禱告跟宣告，你要不住禱告，要常常喜樂，不住禱告，凡事謝恩，這也是《聖經》裡面的教導。你會發現《聖經》裡面真的非常多的真理，這些真理都可以讓我們得到自由、醫治、釋放、恩典。我可以透過禱告、宣告來斷開這種家庭基因疾病的咒詛。

 聖經加油讚！

> ⑯要常常喜樂，⑰不住地禱告，⑱凡事謝恩，因為這是神在基督耶穌裡向你們所定的旨意。（帖撒羅尼迦前書5：17）

現在我就可以想到好幾個人，他得到某一些疾病，甚至是癌症，他覺得非常理所當然，為什麼？他說家族裡面有人得過這些癌症、得過這些病，這就是很典型的遺傳，他被這個世界勝過，

因為他覺得這個世界的運作法則是這樣，我生活在這個世界上，我的運作法則應該也是這樣，這是很可惜的事情。

這也是為什麼我們要盡量去傳福音，因為當你盡量去傳福音之後就可以幫助更多人，不只是你自己，要勝過這個世界，當很多人勝過這個世界的時候，末日來臨，等到主再來的那一天，就有很多人可以得救，不只是今生，得三十倍、六十倍、一百倍，而是在永生、來生得永遠榮耀，這都是《聖經》裡面很多真理的的教導。

聖經加油讚！

【忍耐候主】⑦弟兄們哪，你們要忍耐，直到主來。看哪，農夫忍耐等候地裡寶貴的出產，直到得了秋雨春雨。⑧你們也當忍耐，堅固你們的心，因為主來的日子近了。⑨弟兄們，你們不要彼此埋怨，免得受審判。看哪，審判的主站在門前了！（雅各書5：8）

 ## 耶穌叫我要幫妳按摩

講回來「以耶穌的心為心」，其實就是想像你是耶穌的話，你會怎麼處理？舉一個例子，有一次我跟我老婆吵架，什麼原因忘記了，冷戰了幾個禮拜，然後有一天我在禱告的時候突然有一個想法進入我的頭腦裡面，就是，如果我是耶穌的話，耶穌跟老婆吵架的話耶穌會怎麼做呢？其實冷戰嘛，當然不想要拉下臉來去認錯啊，不想要去示弱啊等等，這就是人的問題，因為人很容

易驕傲。結果那一天禱告的過程當中，有一個念頭突然進來，聖靈感動我，給我一個想法就是你去幫你老婆按摩，那兩個人在吵架、在冷戰怎麼按摩呢？

我就拿乳液跟我老婆說我幫妳按摩腳，因為她腳會痠，有時候會皮膚乾會裂開啊什麼的，我說：「我幫妳按摩」她說：「不要」我說：「不是我要幫妳按」她說：「那不是你要幫我按，是誰要幫我按？」我說：「是耶穌叫我要幫妳按摩」。本來我們是在吵架、是在冷戰，那個表情是很僵硬、非常難看的。結果當我說耶穌要我幫妳按摩的時候，我老婆突然噗嗤地笑出來，想說這個人信基督教信到空空，信到腦筋浸水傻了對不對，耶穌叫你幫我按摩……不過也就是因為這樣一笑，一笑泯恩仇。那一天，我就真的用乳液幫我老婆按摩腳，後來就和好了，這個就是以耶穌的心為心的一個在生活當中實際應用的案例。

其實真正的基督徒，並不是那個只是上教會、只是讀《聖經》，只是什一奉獻的人叫真正的基督徒，真正的基督徒，我在前面有提過了，是以耶穌的心為心的人，他就是真正的基督徒。還記得前面我有提過一個我博士班的學長嗎？他的小孩是基督徒，罵他這個佛教徒，我就說你的小孩絕對不是真正的基督徒。

我這邊再補充另外一段故事，這個博士班的學長，前幾天又在臉書上面發表一篇文章，從這個文章我就看出來他才是真正的基督徒，雖然表面上他認為他是佛教徒。從他臉書的文章看起來，他所寫的內容的意思就是，他們帶了很多的糖果準備要給這些孩子們，但是有一些孩子們對糖果一點興趣都沒有，而是在路上一直要他們買東西。因為柬埔寨嘛，他們的生活很辛苦，所以他們碰到觀光客就一直想要賣東西。這位博士班的學長，看到這

樣的情形，他心裡非常的心疼，為此，他在臉書上面寫了一篇文章，記錄這個事件。大意就是這些孩子為什麼對這些糖果一點反應都沒有，卻有「趕快跟我買東西」的這種反應，失去了天真的童年而變成非常社會化的這種感覺。

從這篇文章當中我就看出來，我這一位博士班的學長，他有以耶穌的心為心，是真正有基督徒精神的人。所以並不是一定要去教會，並非一定要把整本《聖經》讀完，也不是一定要什一奉獻的人才是真正的基督徒。真正的基督徒其實是每天愛人如愛己的基督徒，其實整本《聖經》只有四個字，前面兩個字叫愛神，後面兩個字叫愛人。愛神、愛人。這整本書講的也是這四個字，前面兩個字：愛神；後面兩個字：愛人。

榮耀的呼召

講完了以耶穌的心為心，我來跟你分享一下一首歌，叫做榮耀的呼召，榮耀的呼召是最近我聽到一首非常好聽的一首詩歌，會特別對這首詩歌有感覺，也是因為聖靈感動我。我到了八德路二段基督徒聚會這個教會，有一位衣牧師，衣弟兄，他特別問候我，因為我到基督徒聚會這邊，希望把自己擺上，能夠為主來做一些事情、做一些服事。

第一點，衣牧師非常鼓勵我，他說不要害怕犯錯，盡量提出創意，盡量去大膽的嘗試；第二點，要確認主對你的呼召，英文叫 calling。其實，幾千年前的李白在唐詩裡面就寫了，天生我材必有用，千金散盡還復來。這個天生我材其實就是講 calling，老天爺對你的呼喚。

現在，你或許暫時還不是基督徒，要你說天父可能覺得怪怪的，那就說老天爺，老天爺是每個人都很容易接受的，這個榮耀的呼召，首先我要先感謝美國 KS 集團呂董事長，還有 KS 集團裡面一位大總管，不是李連櫻喔，是晴哥，為什麼呢？一切都要從晴哥跟呂董帶我到台北金華街亞洲基督教會說起。

　　在他們帶我到亞洲基督教會之前，我已經有去過一些教會，但是我比較定義自己是道教徒，前面我也講過，我在道教拜神明當乾爹的經歷，後來想跟道教神明乾爹請假兩年，還擲筊，結果一直沒有辦法擲到同意聖筊，最後就自己決定去基督教。因為 Free Will，自由意志。在這樣的過程當中，慢慢我就脫離宮廟，然後往教會走，結果剛好又碰到了美國 KS 集團的呂董事長，還有晴哥，就到了亞洲基督教會瓦特牧師這邊，瓦特牧師是一位黑人牧師，美國黑人牧師，他以前是唱靈魂搖滾樂的，後來他就拿這個靈魂搖滾樂的概念來唱詩歌，在他的教會聽他唱歌真的是一大享受。

　　之前在師大還有教課的時候就會不定期的來參加禮拜天的聚會，早上在師大有上課，下課之後就繞道來金華街這邊的亞洲基督教會，這邊我要非常感謝瓦特牧師、師母，還有陳牧師，現在有時候主講的牧師不只是瓦特牧師，還有一位陳牧師，他們給了我很多在這個靈性上面成長的養分。

　　後來，在 2018 年的 12 月 29 號，神給我的禮物，就是在 12 月 29 號這一天，在 KS 集團新竹的餐廳辦活動的時候，兩百個人見證，看我上台受洗，也感謝帶幫我受洗的鄭牧師、來到餐廳參加活動的漢瑜，還有韻如兩位姐妹，這兩位姐妹也是我生命當中的天使，因為她們帶了鄭牧師來參加活動，結果鄭牧師跟我聊完

之後覺得說我應該可以受洗了，最後就在兩百個人見證下，我受洗成為基督徒。

在人不能，在神凡事都能，這一切真是太神奇了，因為我曾經在 2018 年的 6、7 月的時候說主掌權，結果倒數 4、5 個月受洗，話不能亂講，講了要負責任的。榮耀的呼召，前面的源起就是這樣子。

受洗之後當然我就更常受到聖靈的感動，會更習慣常常禱告、讀《聖經》，也透過一位陳弟兄的介紹，來到了復興堂，參加禮拜四的小組的聚會。感謝禮拜四早上在復興堂的學敏小組弟兄姊妹們，也要感謝樹林召會，因為樹林召會第五聚會所這邊，每個禮拜六都會有兒童排。在召會的兒童排真的是非常推薦給大家，我會帶我兩個兒子參加，也就是我們王家三兄弟一起。禮拜六早上我在家的時候，我們就會抽空帶兒子們去參加兒童排，兒童排裡面會唱兒童的詩歌，會聽老師講品格教育的故事，會唱唱歌、跳跳舞、玩遊戲、領獎品、領餅乾，小朋友都十分喜歡、開心極了。在這個過程當中讓他們耳濡目染，讓他們不知不覺就接受了很多品格教育的內容，也唱了詩歌，也認識了天父，我實在很感謝樹林召會弟兄姊妹所舉辦的兒童排活動。

禮拜天的聚會，之前我是比較常到金華街瓦特牧師亞洲基督教會，禮拜四的小組到復興堂，你看，因為我的有空時間比較零散一點，週末的時候帶我小孩去新北市樹林的召會參加兒童排，禮拜天參加亞洲基督教會的聚會，禮拜四早上有一點時間參加復興堂的小組，接下來每週四早上十點到下午四點在八德路二段203 號基督徒聚會這邊來為主擺上更多的時間為主服事。

這個叫榮耀的呼召，也是在這個過程當中，我也去就讀了神

學院，因為美國 KS 集團呂董事長，他有一個心願、使命，就是要蓋 KS 天國福音基地，天國福音基地，有全世界最進步的多媒體影片製作、音樂製作的這些設備與人才合作位主服事，還要蓋天國神學院來為傳福音做預備。呂董事長他有這樣的想法，他有資金、有財力、有遠大的想法跟計劃，我所能做的就是把我個人一點點才能來擺上，所以我就跟呂董事長說：「董事長，我喜歡唸書，我來唸神學院，那董事長，您說要蓋神學院，所以這個神學院的學費就請您來贊助一下。」

董事長毫不考慮就支持我去唸神學院，這一路真的是非常的神奇，包含受洗、唸神學院，包括現在在輔導美國上櫃公司，或甚至還有一些是台灣上市櫃公司老闆的周邊、旁邊來服務，擔任顧問，這都是十年前我無法設想到的光景。

當然十年前雖然我還無法設想到底當顧問是什麼樣的一個狀況，但原來十年前我就已經使用宣告的力量。那時候還沒有經常使用禱告的力量，而現在開始要更常使用禱告的力量，多多利用基督徒的倚天劍、屠龍刀，宣告跟禱告的力量，就可以常常得到天父的力量、耶穌的力量、聖靈的教導。

我們一起來做這個段落的結束禱告。

感謝天父保守我們，請祢保守惟文，請祢保守兆鴻老師，請祢保守孩子在行的一切道路上都蒙福、都平安，以上禱告，奉主耶穌基督的名求，AMEN，HALLELUJAH，感謝主。

親愛的天父，孩子坦然無懼來到祢的施恩寶座面前，感謝天父賜給我們恩典滿滿的每一天。今天我們要來寫本書的最後幾個

篇章，我們先來禱告。

親愛的天父

感謝祢賜給我們平安喜樂的每一天

求祢賜給我所羅門王的智慧

求祢來保守惟文，幫我們正在做文字編輯的惟文姊妹

因為對於基督徒來講，所有的人都是弟兄姊妹

所以求天父來保守惟文她本身，還有她的家人

還有我的本身，還有我的家人

求天父來保守

給予我們智慧

度過恩典滿滿的每一天

以上禱告

奉主耶穌基督的名求

AMEN

AMEN

AMEN

3　你跟我都是天父所揀選的

　　延續上次榮耀的呼召這個主題，其實在《聖經》裡面已經講到，所有的人都是天父所揀選的，為什麼呢？因為所有的人都是出自於一切萬有造物主，在《聖經》創世紀篇裡面提到，神的靈運行在水面上，淵面黑暗。

　　這個我在前面提過了，科學上面叫做大爆炸之前的狀態，神花了六天創造世間萬物，最後按照神的形象造出了人，來管理祂所創造的世間萬物，這個亞當跟夏娃在伊甸園的故事，我在前面也已經說明過，不過要經過十六到二十一次的重複敘述，因為人的大腦需要十六到二十一次的重複接收，大家才會比較有深刻的認識，或者直接從短期記憶進入長期記憶。

　　瞭解這個之後，你就明白，為什麼每個人都是天父所揀選的，因為每個人都是天父按照祂的形象所造出來的，雖然在地上的我們會覺得說不對哦，我的爸媽生我，如果沒有我的爸媽就生不了我。那問題來了，你的爸媽是誰生的？你說我爸媽是我爺爺奶奶生的，我外公外婆生的，對，那你的外公外婆、爺爺奶奶是誰生的？這就變成一個雞生蛋、蛋生雞的問題。無限迴圈的結果就是，到底最剛開始那個人是誰生的？根據達爾文的進化論，人是從猴子變來的，這個部分是我們從小在生物學被教育，認為不變的真理，但是我後來認識一位教會的弟兄，更是見證了「每個人都是天父所揀選」的論述，這要感謝南港浸信會的毛牧師，還有師母。有一次在牧師家裡面小組聚會的時候，認識一位瞿海良

弟兄，他是宇宙光雜誌的主編，學歷剛好就是台大人類學系，而且主修考古學（考古學最重要任務就是研究人類的啟源和演化），他在台大人類學系學習的就是達爾文演化論的系統，自然也認同演化論就是人類來源的詮釋。瞿海良弟兄有一個很特殊的經歷，他曾經在擔任製作人與編劇多年的工作經驗中，製作過很多見證節目，結果他在參加一次基督徒包場電影活動當中，被神所呼召。當時，他被朋友邀請去看《受難記》，電影內容就是耶穌為我們被釘死在十字架上的過程。電影一開場，他就覺得很奇怪，為什麼前後左右的人都在輕聲哭泣。這是基督徒包場去看受難記，你可以想像，對於基督徒來講，耶穌為了人類的罪所被釘死在十字架上是多麼偉大，身為基督徒一定會非常感動。但是瞿海良弟兄身為佛教徒，在被基督徒包圍的狀況下看這個受難記，剛開始他真的是沒什麼感覺，反倒覺得在場的基督徒很虛偽，故意展現自己的靈命經驗，結果看到一半之後，發現全場竟然他哭得最厲害──這就是聖靈感動。

我們在前面講到了聖父、聖子、聖靈三位一體，你的身體就是聖靈的殿，聖靈住在你裡面，但是基督教裡面強調 Free Will，自由意志，神不會勉強你，我們的天父極其愛你，天父不會勉強你做你不願意的事情，天父給你自由意志，但是當你有意願表達出來的時候，「我願意，是的，我願意接受耶穌成為我的救主，是的，我願意接受宇宙萬物一切的造物主天父為我的父，是的，我願意接受聖靈為我唯一的老師。」聖父、聖子、聖靈三位一體，這個神聖的大存在就會進入你這個小存在，因為人本來就有神性，這個我在前面也提過，就跟佛家的心莫向外求是一樣的，人人是菩薩，是同樣的邏輯。

就像瞿海良竟然因為感動，在電影院裡面失聲痛哭，這就是聖靈的奇妙工作，不久之後，瞿海良就受洗成為基督徒。就像十多年前我是一個虔誠的道教徒，還拜道教神明當乾爹的，受到聖靈感動之後，奇蹟般的受洗成為基督徒，在教會聽詩歌、說方言。而這位弟兄是看了這個受難記之後受洗成為基督徒。你跟我都是天父所揀選的，因為我們本來就出自於祂、來自於祂，因為我們的身體就是聖靈的殿，只要你做愛神、愛人的事情，聖靈就住在你裡面，並且隨時與你同在，所以隨時禱告、隨時宣告，是極為重要的。

　　在前面我也提過了，神說有光，於是有了光，神的話語是非常有力量的。人是神按照神的形象造出來的，你的話語也是大有力量的，你認為你自己不行，那你最後就真的不行，中文的成語叫一語成讖；你認為你可以，你要，你一定要，你一定可以，你最後就一定會成功，所以話語的力量真的不要小看。

　　日本有一位博士寫了一本書，叫《生命的真相水知道》，他用講話的方式對水說話，然後去用顯微鏡放大看它的結晶，當講正面的話語的時候，結晶非常漂亮，當水聽到負面的話語的時候，它的結晶就變得非常的醜陋。類似這樣的實驗非常多，各位可以自己上網去找，這跟秘密吸引力法則講的也是同樣的道理。

　　宇宙萬物的道理、法則、原則，其實都一樣，大道至簡，萬物歸一。所以，我在基督教裡面找到了真理，找到了那個唯一，就像王力宏唱的「你就是我的唯一」，唯一，所以唯一的父就是天父，唯一的主就是主耶穌基督，唯一的老師，就是聖靈老師。

　　瞿海良原來是虔誠的佛教徒，多年潛心修佛，竟然在一部電影的時間裡，因為聖靈的奇妙感動，受洗成為基督徒。在受洗成

為基督徒之後，瞿海良還有另外一個十分神奇的見證。真的是感謝主，讓我有機會在南港浸信會參加這一次的小組，然後在這邊我又可以再次跟大家分享，把它述諸於文字。

瞿海良受洗之後，立即見證了另外一個奇蹟。他受洗時，請瞿媽媽去教會觀禮，瞿媽媽當時已經八十七歲了，看了他受洗之後，竟然講了一句話：「你們現在受洗是這樣子哦？有人替你唱詩歌，然後儀式這麼隆重，浸在這麼豪華的池子裡面。」瞿海良一聽媽媽講，媒體人的敏感，讓他直接反應，問瞿媽媽：「媽媽，妳說這個是什麼意思？你以前參加過洗禮？」瞿媽媽回答說：「以前我年輕的時候，在眷村有這個國外的牧師來眷村傳教，我當時有受洗。」這時，瞿海良才知道媽媽在年輕的時候，就在眷村受洗了，而這已經是四十年前的往事了。瞿海良恍然大悟，原來自己受洗成為基督徒，是天父要他陪媽媽回到主的懷抱。瞿海良講到這裡，潸然淚下，大家都非常感動——雖然瞿媽媽從來沒講過自己年輕時候受洗的事情，但天父都知道，所以天父來感動瞿海良，讓他受洗，藉由他來陪媽媽回到教會。一年多之後，九十歲時，瞿媽媽在睡夢中安靜回天家了。瞿海良與家人雖然非常不捨，但他非常感恩，媽媽能夠因為他受洗，再次回到教會，最後安詳的回到主的懷抱。

基督徒常說一切天父自有安排，如果你目前暫時還不是基督徒沒有關係，你就說一切都是最好的安排，或一切老天爺自有安排，老天有眼，其實老天就是上帝，上帝就是天父，天父就是Father God。聖父、聖子、聖靈，因為不同的需求，聖靈住在我們裡面，主耶穌基督道成肉身，來到地上為我們人類犯的罪被釘死在十字架上，你犯的罪已經被贖罪了，但是贖罪之後不是說哎

唷，那我繼續吸毒沒有關係，我繼續害人沒有關係，不對哦，當你的罪被贖了之後你要認錯、悔改，這樣才是真正的得救。表象的基督徒受洗了，去教會，偶爾什一奉獻，有讀《聖經》，恭喜你，你已經拿到天國的門票，天國的入場券，但是，英文有一個說法叫rain check，就是下雨天的門票，今天因為天氣狀況惡劣、糟糕，所以天國門暫停開放，所以你雖然拿了門票，但是你被擋在門外進不了。

意思是什麼呢？意思就是說你並沒有真正去執行我所講的《聖經》濃縮精華四個字，哪四個字？如果你從前面看到這裡你應該很清楚，愛神、愛人，這四個字。愛神、愛人就是你會尊敬天地，你會愛你的鄰舍如同愛你自己，如果你愛你的鄰舍都如同愛你自己，你跟所有人相處應該都會非常的融洽，有格外美好的關係。有時候我會買飲料送到我在工作的辦公室，因為大家都很辛苦，偶爾買個飲料給大家慰勞一下，給大家喝一點東西。中文有一句話叫財散人聚，反過來，人聚財散，所以散一點財沒有關係，人會聚在一起。

後來我才知道，原來這個就是基督徒合一的精神，因為我們都是神按照祂的形象造出來的，我們都出自於神。這個泥人本來沒有靈魂，神對著泥人的鼻子吹了一口氣，於是人有了靈魂。我們靈魂全部來自於神，我們死後塵歸塵、土歸土，我們的靈魂全部回到神裡面，回到神裡面是什麼意思？就是回到天家。如果你有愛神、愛人，我認為就算你不是受洗的基督徒，你有愛神、愛人，實現神的真理、神的道路，把天國帶下來，你就是基督徒精神，你就是我認為的基督徒，勢必也能夠進到天國，就算你沒有拿過門票，因為神都知道，天父都知道。

　　瞭解了這個概念之後，你就知道基督徒比較難做壞事，當然我講的是真正的基督徒，也有部分不肖的基督徒、偽基督徒，在《聖經》裡面就是法利賽人跟文士。他們就是專門在研究《聖經》、研究文字，是當時研究聖經文字學最厲害的那一群人，對於《聖經》他們咬文嚼字，很喜歡把它講得很玄、很神秘、很厲害，因為這樣子他們才有地位，這些拉比，拉比就是老師們，才會高高在上。但是當你這麼做的時候其實你已經遠離了神的真理，因為神的真理告訴我們，以耶穌的心為心。

　　這邊稍微補充一下，榮耀的呼召，這是一首詩歌，你可以上網找來聽一下，我把 QRCode 放在這裡，你掃瞄一下就可以上網去聽到了，活在這個時代我們要感恩，因為真的是太方便了。

榮耀的呼召

　　榮耀的呼召，這首詩歌你可以去聽一下，在基督徒聚會的衣牧師，衣弟兄詢問我：「你是否真的認定這是神對你的呼召？」之後，這首歌就一直在我的手機、電腦裡面跳出來，榮耀的呼召，榮耀的呼召，這就是神在對我講話。

　　神會用很多方式對我們講話，用《聖經》對我們講話，用詩歌對我們講話，用你日常生活每一天碰到的人事物來對你講話，神可以透過各種不同的方式，跟你講話，你就會得到回應、得到安慰、得到啟發。

🕊 Kingdom iS here 天國福音基地

　　講完榮耀的呼召，我要來講 Kingdom iS here！天國福音基地，天國福音基地的起源是三年多前我第一次碰到呂董事長，呂董事

長是位虔誠的基督徒，他之前也是專研佛教道教，甚至他還有一段期間專門幫人家卜卦算命，而且他在卜卦算命的時候一個月可以收入好幾百萬，因為他算得非常的準。這樣虔誠的佛教徒，可以買好幾套、上百萬的《大藏經》，後來怎麼會變成了一位虔誠的基督徒呢？

　　在《藍色蜘蛛網》裡面會說不知道是命運的捉弄，還是輪迴的擺佈，讓我們繼續看下去。好了，開玩笑的，不要搞得這麼電視化。呂董事長是金門人，很小的時候，呂董六歲、哥哥八歲，爸爸過世媽媽改嫁，媽媽改嫁之後兩兄弟就獨自生活在金門的鄉下，非常的辛苦，兩兄弟自己種菜養豬過活，他是在這樣的生活環境下長大的。每次聽到呂董事長這樣子說他小時候的時候，我就在想我那兩個兒子，五歲、八歲，如果放著讓他們在鄉下自己種菜養豬，可能三天就餓死了哈哈。

　　呂董事長其實還是位才子，他曾經幫鄧麗君小姐寫過一首歌，叫做——《你怎麼說》，筆名是司馬亮。後來呂董事長因為家裡很窮，沒有錢讓他唸書，雖然他功課很好，後來考上師範大學音樂系，但是沒有錢註冊，他的高中老師非常欣賞他、支持他，就給了他學費讓他到台灣的師範大學註冊唸音樂系，沒想到一學期還沒唸完，他的老師打電話給他說：「呂同學，老師不能再支持你了，因為老師訂婚了，老師要結婚了，我的未婚夫跟我說，結婚以後不能再支持這個學生了。」呂董事長的求學路非常的坎坷，雖然成績很好，雖然才華很好，但是，就沒有錢。

　　他還說過一個故事，因為當時沒有錢，所以他寄住在他的乾媽、乾爹家裡面，本來他的老師支持他唸書，結果，接到老師這一通電話，很失志，不曉得該怎麼辦，因為下學期沒辦法繼續唸

下去了。就這樣師大和平東路，走路回松江路那附近，在路上經過了一個自助餐，在自助餐的門口，聞著菜香味。因為沒有錢，當時吃一頓飯可能要三、四塊錢，他口袋掏一掏，只有一、兩塊錢，錢不夠，不敢走進去吃自助餐，結果他就在門口用聞的，聞自助餐？原來呂董事長在這個時候已經訓練基督徒那個禁食禱告，一切天父自有最好的安排。

呂董事長說他當時非常的失志，也不知道該怎麼辦，肚子又非常餓，結果走回乾媽家，走到門口發現門微開，乾媽正在跟乾爹吵架，呂董事長這時候是師範大學一年級音樂系的學生，因為沒有錢，寄住在乾媽家，住在乾媽家不是住在房間，他是住在乾媽家的樓梯底下一個小位置，鋪個棉被這樣子寄住在別人家裡面。

我不曉得你能不能想像這樣的成長環境，而且老師又跟你說下學期沒辦法支持你了，要吃自助餐又沒有錢，口袋只剩一、兩塊，只能在門口用聞的；走回到乾媽家，門打開，聽到乾爹跟乾媽在吵架，乾爹罵乾媽說：「你養這個沒有用的乾兒子做什麼？」這聽起來是不是很像八點檔連續劇的劇情，那這對於呂董事長來講卻是活生生、血淋淋的生命的歷程。

因為有這樣的生命的經歷，後來他被一位貴人提拔。這位貴人也就是飛虎隊陳納德將軍的夫人陳香梅女士，陳香梅女士是教會的姐妹，因為一次委託呂董事長製作詩歌音樂唱片，兩位就聊得比較多，相談甚歡。

貴人相助

陳香梅姐妹就問呂董事長：「小老弟啊，你辛辛苦苦了這麼

多年，做了電視台，做了唱片公司，做了北京影視學院的校長，也蓋了攝影棚，花了台幣一億、人民幣兩千萬，到底有沒有賺錢啊？」第二個問題：「到底有沒有存錢啊？」結論當然是有賺錢，但是蓋攝影棚又花一億下去了，結論也沒存到什麼錢。如果你是上班族、小資族，你也不要太羨慕上市上櫃公司老闆，因為很多上市上櫃公司老闆其實是非常辛苦的。就像我們大家熟悉的郭台銘，郭董事長，Jeff 郭，你看他是台灣首富，其實他也是很辛苦的，沒有人是不辛苦的，人的格局是一點一滴的委屈慢慢撐大的。

呂董還曾經講過一個故事，就是郭董在三十多年前跟他一起到新莊一個地方跑三點半，籌錢，但是他說郭董因為行業後來選對了，所以經過這三十年，他變成了台灣首富；呂董因為行業選擇了很辛苦的重資產的行業，經過了這三十年，他還是非常辛苦。於是陳香梅姐妹她就建議呂董，她說：「小老弟啊，你現在應該改行做輕資產，不要再做這個重資產、累金融（很累的金融）」就是要花很重的成本，蓋攝影棚、蓋廠房這些都叫重資產，你要做輕資產。什麼叫輕資產呢？就是國際金融，以國際金融來說，台灣一個上市公司需要借十億美金，十億美金就是三百億台幣，如果你有辦法幫台灣這個上市公司借到十億美金、三百億台幣的話，那你的服務費、傭金少說也有個 3%、5%，我們不要講 3%、5%，我們講 1% 好不好，三百億的 1% 是多少？三億，如果你有辦法幫上市公司借十億美金、台幣三百億，你的服務費是 1% 來計算的話，那你的傭金就是三億。想像一下，一般人要賺三億有可能嗎？答案是很多人、大部分的人要賺三億，一輩子都不可能，但是如果以國際金融，輕資產國際金融一個案子就有

可能，我前面有一個章節叫做你**不知道的事情不代表不存在**，這個就是你不知道的事情。

舉另一個私人銀行的例子，一般的銀行VIP客戶要求要有現金存款三百萬台幣，而私人銀行一般要求現金存款三千萬以上，所以他的等級跟一般銀行的VIP客戶是不一樣的，他是私人銀行的VVIP客戶，你不知道的事情不代表不存在，這句話也可以應用在天父、聖父、聖子、聖靈這個方面，你不知道的事情不代表不存在。後來經過陳香梅女士的提攜指導，呂董事長花了三年的時間來學習國際金融，陳香梅女士介紹了好幾位跨國銀行的CEO，讓呂董事長來跟這些 CEO 們學習國際金融，現在，呂董事長是台灣極少數能夠做這麼大筆金額的國際金融的金字塔頂端的人士。

我要講這個故事的原因就是，你現在瞭解呂董事長他的出生背景，兩百元起家，在金門鄉下和哥哥兩個小孩這樣艱困地生活長大，到後來經過陳香梅姊妹的提攜，成為台灣兩千多萬人當中屈指可數，少數幾位可以做這麼大筆國際金融額度的頂尖CEO，這是多麼大的一個人生的翻轉。

基督徒常說在人不能，在神凡事都能。為什麼呂董事長是虔誠的基督徒？他說：「很簡單，我以前求神拜佛的時候，沒有辦法得到心裡面真正的平安，所得到的財富也是短暫的、少數的，後來因為陳香梅女士的提拔，在國際金融得到的財富是巨大的，心裡面的平安也更完美、更圓滿。」後來，呂董事長就發願，他日後有機會要幫助大家來創造財富。

4 國際金融版的五餅二魚

在《聖經》裡面有一個典故，主耶穌基督傳道，在一個半山腰上，五千多人，不算婦女跟小孩，就有五千多人在聽講道，因為以前很重男輕女，通常只算男人，你看《聖經》，常常會講各位弟兄們，只講弟兄不講姐妹，因為以前重男輕女。五千多人在聽講、傳道，如果把婦女、小孩算進去，應該會超過一萬人，我們就先講五千人就好了，這是耶穌在《聖經》裡面所行的神蹟奇事當中很重要的一件，就是五餅二魚，五個餅、兩條魚。

五千多人在聽耶穌傳道，一講就講好幾個小時，結果大家肚子餓了，找不到東西吃，找來找去，十二個門徒找到了一個小孩，媽媽有幫他帶便當，帶了五個餅、兩條魚，五個餅、兩條魚怎麼餵飽五千人呢？更別說一萬人了，那是不可能的事，Mission Impossible。

結果門徒們把五餅二魚拿到了耶穌面前，耶穌拿起來感謝天父，為什麼基督徒要謝飯？台語叫做「感謝天，感謝地，感謝老母跟老爸，感謝天上的阿爸。」感謝完之後，耶穌叫十二門徒把這五個餅、兩條魚發下去，結果沒想到這樣一直分、一直分，竟然分不完，最後餵飽了五千多個人，實際上應該是一萬多人。十二門徒把剩下來的餅跟魚收一收，還收了十二簍的餅跟魚，這就是《聖經》五餅二魚的神蹟奇事。

經過了前面好幾個章節的說明，如果你有認真的從頭看到現在的話，你應該能夠理解，五餅二魚這個神蹟是確實發生過的，

為什麼？因為在人不能，在神凡事都能，你不知道的事情不代表
不存在。

不管你覺得碰到如何大的困難，在神來說都是很小的事情。
你之所以覺得他是很大的困難，因為你是人，基督徒不是倚靠勢
力、不是倚靠才能，乃是靠神的靈方能成事。上帝阻擋驕傲的
人，這幾句《聖經》裡面的真理，如果你讀懂了，其實你會非常
的開心。為什麼基督徒很容易可以平安喜樂？因為我們知道我們
不是倚靠自己，我們知道我們依靠的是神，當你願意依靠神的時
候，不代表你什麼事都不做，而是你把你該做的事做完之後，其
他的就是禱告，其他的就是宣告。

像現在我正在寫這本書的時候，是大陸武漢肺炎全世界肆虐
的時候，人類可以做的事是什麼？戴口罩、消毒、盡量避免出入
公共場合，那其他呢？其他就交給神啊！因為過度擔心就是讓撒
旦有機可趁，撒旦就是要來偷竊、殺害、毀壞。

 聖經加油讚！

> ⑩盜賊來，無非要偷竊、殺害、毀壞；我來了，是要叫羊
> 得生命，並且得的更豐盛。（約翰福音 10：10）

在詩篇裡面有說，不管是午間滅人的病毒，或是害人的箭都
不能傷到我，因為神說他愛我，所以神要在一切的道路上保護
我，讓我免於這些災害，這就是神的大能，因為在人不能，在神
凡事都能。

說回來呂董事長，後來經過這十多年，陳香梅姐妹在 2018 年

三月，九十三歲高齡，已經回到天家，呂董經過這十多年國際金融領域的打拼努力，累積了非常多的資產，現在就是他要實現國際金融版五餅二魚的時候。

現在他手上有幾檔美國股票，準備要讓美國股票對接全世界的實體產業，不管是連鎖餐飲的產業，雙B進口車的產業，媒體的產業，或者是酒廠的產業，呂董事長在新竹香山這邊，花了幾千萬買了靈芝精釀啤酒廠，在金門這邊也買了高粱酒廠，他都在佈局，因為格局定佈局，佈局定結局。

經過對接實體產業，就能夠來支撐之後的股價，而不是單純的炒股票，因為單純的炒股票最後會害到很多人。對於呂董事長來講，他要單純賣股票太簡單了，他的股票賣個幾億美金、幾十億台幣太容易了；但是買到這些股票的人日後因為股票變成雞蛋水餃股，變成壁紙，有人可能自殺，有人可能家破人亡，這些罪惡誰要來擔呢？身為虔誠的基督徒，呂董事長絕對不敢也不會這麼做。為了讓他的股票日後股價有實體產業的支撐，他在台灣目前已經用超過三年多的時間來做連鎖餐廳，雙B車貿易產業，酒廠，日常生活百貨，之後還有 AI 連鎖超商的佈局等等，這些所有的佈局都是為了日後股價的支撐。也就是因為這樣，呂董事長是股票的最大股權擁有者，有了這些實體產業的支撐，日後呂董事長只要賣掉他股票的一小部分，他就有足夠的資金可以來蓋福音基地、神學院。

這一個章節我花了很大一個篇幅來跟各位說明前因後果，還有在人不能，在神凡事都能。對我們一般人，我是一個基督徒，我想要為主、為神來擺上，來看我能怎麼服事主、怎麼事奉主、怎麼來傳福音。但是對於呂董事長來講很簡單，花十幾億台幣把

實體產業佈局好，然後讓他美國的股票上市或上櫃，股價到達一定的程度後，他只要賣掉一小部分他的股票，他可能就有幾十億台幣，那幾十億台幣撥一個部分，五億、十億台幣，就可以來蓋神學院、福音基地。

在過程當中，如果有看懂、有理解呂董事長他整個佈局的弟兄姊妹，或者不是弟兄姊妹也沒有關係，但是我們希望盡量是弟兄姊妹，或者你不是受洗過的弟兄姊妹，至少你有愛神、愛人的基督徒精神的弟兄姊妹，我們就非常歡迎你來一起跟 KS 集團打拚，來一起實現 KS 天國福音基地、天國福音教會、天國福音神學院的遠大的目標跟理想。

《聖經》裡面有說，我們不只要積攢財富在地上，我們還要積攢財富在天上，蓋神學院是不會賺錢的，但是為神蓋神學院就是積攢財富在天上。如果你有參與在其中，我相信，不管你是受洗過的基督徒，有拿到天國門票，或者是愛神、愛人有基督徒精神的弟兄姊妹，當主再來的時候，《聖經啟示錄》裡面講的，末日將到，主將再來，當主再來的時候，我們都會一起進到天國、天家裡面，得到永生。

《聖經》裡面給我們的應許，不只要在今生得到三十倍、六十倍、一百倍，我們在將來還要得到永遠榮耀，AMEN。身為基督徒，你現在的薪水如果是三萬塊，你可不可以想像你的薪水翻三十倍，變成九十萬，你說怎麼可能！你的薪水變成六十倍，變成一個月一百八十萬，你的薪水變成一百倍，變成三百萬，你說怎麼可能！你還記得嗎？前面我剛剛講完，呂董事長做一個十億美金的國際金融的案子，用 1%，百分之一的服務費來計算，他那一筆的服務費就是三億台幣。

這個世界上有太多太多的事情你不知道，但不代表它不存在，所以，希望從前面看到這邊的弟兄姊妹（從現在開始我會稱你為弟兄姊妹，因為我認為就算你不是基督徒，但是你能夠從前面看這本書一直看到現在，很認真的看到這裡的話，你應該已經接受我在這本精品人生裡面所要傳達給你的心思、意念）記住一件事，對於基督徒來講，我們要分分秒秒把我們的心思、意念與神同在、與神同行，要不斷地禱告、不斷地宣告。

　　我們來禱告。

**　　親愛的天父，感謝祢賜給我們恩典滿滿的每一天，請祢保守正在看這本書的弟兄姊妹，賜給他們所羅門王的智慧；求祢在他們行的道路上保守他們平安喜樂；求祢在他們現在所遇到的困難方面，給他們智慧，想出解決的辦法，讓他們日夜不住禱告的同時，感受到祢給的平安、喜樂，讓他們雖然在日常生活當中有碰到不管是財務金錢上，不管是感情情緒上，不管是病痛，不管是各種方面的挑戰，因為他們知道在人不能，在神凡事都能，所以他們會依靠神，他們會依靠天父，他們會跟耶穌呼求、呼救，耶穌，救我！耶穌，我需要？！聖靈求祢來指引我，天父求祢來為我開路。**

　　在弟兄姊妹行的道路上，與神同行、與神同在，心裡就有踏踏實實的平安被聖靈充滿。當你常常被聖靈感動的時候，你就會做愛神愛人的事情，當你做愛神愛人的事情，你就會一切順利，平安喜樂。

　　舉一個簡單的例子，我剛才去買飲料，我去買飲料不是給自己喝，是給別人喝，這個行為就是愛神愛人。在買飲料的時候，一陣風吹倒了飲料店店家門口的一個牌子，那裡面兩個人正在

忙，在準備我的飲料、準備其他人的飲料，作為一個飲料店的客人，我是不需要去幫他把這個招牌扶起來的，但是作為一個基督徒，我們要愛人、我們要愛神。

當下我在旁邊沒有考慮太多，就立刻幫他們把這個招牌扶起來，扶起來之後，我就看到櫃檯這個店員專注地看著我，雖然現在因為武漢肺炎的關係大家都戴口罩，但是我還是能夠從他的眼神裡，解讀出來他想表達的感謝之意。其實我很感動，他也很感動，為什麼？因為我是客人，我是來買飲料的，我又不是你的店員，但是我願意幫你把招牌扶起來。

你如果幫他設想的話，他正在弄飲料，如果要特地再開門、出來扶這個招牌，是不是手會弄髒？手會弄髒又要再進去洗手、消毒，對他來講是一件很麻煩的事情。那對我來講叫舉手之勞，不是做環保，舉手之勞做蒙神喜悅的事情。我相信天父都知道，當我們天天這麼做愛神愛人的事情的時候，神必會保守你，在你所做的一切事情上面，盡都順利，所以要常常喜樂，不住禱告，凡事謝恩。

這個章節談到的是 KS 天國福音基地、天國神學院、天國教會的前因後果，在這邊我要呼召你跟我、呂董、晴哥還有 KS 團隊，我們一起來為天國福音基地打拚，因為我們不只要在來世得到永遠榮耀，我們希望在此生，在地上就能夠把天國帶下來，天開了，天父會把祂的恩典滿滿的倒下來，如江河一般。在《聖經》裡面有非常多的真理、應許、給我們的恩典，我們要懂得去領受、去體會。

在這邊看完這個章節，如果你心裡面聖靈有給你感動，你希望索取免費的《聖經》，歡迎你掃描

索取聖經

QRCode，這個章節的最後會有兩個QRCode，一個是榮耀的呼召的 QRCode，一個是送《聖經》的 QRCode。你可以掃榮耀的呼召，聽很好聽的詩歌，你可以掃送《聖經》的 QRCode，你也可以把這個送《聖經》的 QRCode 送給你的親朋好友。

如果你覺得這本書對你有幫助，我希望你也可以買來送給他們，如果你覺得《聖經》可能對你一些親朋好友現在正面臨財務、婚姻、親情、友情、愛情、事業、人生疾病、痛苦，各種無奈的處境的

榮耀的呼召

時候，會有所幫助，或許你就是可以救他的那個浮木，當然我們先以浮木自居，因為上帝阻擋驕傲的人。

後面我會跟你繼續說明，未來三年、未來五年，我跟呂董事長的計畫。我能不能成為牧師不知道，但是我們至少可以成為傳福音的弟兄姊妹。美國 KS 集團能不能上市，我們不知道，但是至少我們持續做愛神、愛人的事情。

現在我們已經把 KS 集團的總部，有一個會議室改成禱告祭壇，歡迎弟兄姊妹們來 KS 總部禱告祭壇。早上我們會有敬拜，弟兄姊妹來可以為弟兄姊妹們禱告，為公司來禱告，為天國福音基地來禱告，甚至我們可以為所有暫時還不是弟兄姊妹，有需要我們為他禱告的人來為他禱告，因為我們希望把天國帶下來，我們希望把福音傳到撒馬利亞直到地極，全球都應該接受這個福音。

我們來禱告。

親愛的天父，全世界現在有七十幾億人，基督徒有二十幾億人，但是在台灣只有5%不到，真正的基督徒，我們希望能夠像韓國一樣，超過百分之五十以上的人口，能夠像非洲一樣，超過百分之五十以

上的人口，甚至百分之六十、百分之七十、百分之八十，全部通通
是基督徒，不只是表面形式的基督徒，而是有真正內涵、愛神、愛
人的有基督徒精神的弟兄姊妹。

以上禱告，奉主耶穌基督的名求。
AMEN、AMEN、AMEN
感謝主
HALLELUJAH

我們來禱告

親愛的天父
感謝祢賜給我們恩典滿滿的每一天
今天在台北是非常晴朗的天氣
孩子要寫最後這幾段
阿爸天父為你所設計的精品人生的內容
今天有三段
第一段：五年後當牧師？！
第二段：兩年後美國上市？！
還有最後一段：新年後的第一次淹水
孩子知道先求天父的國、先求天父的義
其他的天父必添加給我們
求天父來保守正在幫我們做文字編輯的惟文
感謝祢來保守惟文、保守孩子
在這本書製作出版的過程都能非常的順利
求天父給孩子所羅門王的智慧

求天父讓惟文有一雙靈巧的手
在進行文字編輯的時候也非常的順利
心裡也得到踏踏實實的平安喜樂
以上禱告
奉主耶穌基督的名求
AMEN

5 五年後當牧師？（上）

今天第一段叫做五年後當牧師，其實在我受洗之後沒有多久，有一些人跟我聊天講話的時候，就會問我說我是不是受洗很久了，甚至有人問我說你是牧師嗎？還是傳道人？這個其實跟每個人的天分，也就是老天爺給的恩賜、恩膏有關係，可能老天爺給我就是對語言邏輯方面特別敏感。之前提過哈佛有一位教授叫Gardner，Gardner 教授他是第一個提出所謂八大智能的，八大智能包含數理邏輯、空間、語言等，後來他進一步把八大智能延伸成九大、十大、十一大智能，包含跟神靈方面的智能，他也把它列入。

在八大智能裡面講到語言邏輯，可能就是我天生比較擅長的部分，我前面有講過我在中學的時候，其他科都不及格，就國文、英文都逼近滿分，或非常高分。我在讀《聖經》的時候，也會很容易去抓到一些重點、關鍵字，譬如說，當我們碰到一件事情很難去突破的時候，我們就會禱告，不是倚靠勢力，不是倚靠才能，乃是靠神的靈方能成事；當我們碰到一件事情，你覺得大概不可能吧，我們就可以這樣禱告，在人不能，在神凡事都能；也或者當你碰到有人為病痛所苦的時候，你可以這樣為他禱告：

（舉例，我今天背剛好有點痛，我來示範禱告，如何為別人的疾病、痛苦來禱告）
親愛的天父

求祢來保守兆鴻弟兄
因為耶穌所受的鞭傷
他的背痛得到醫治
因為耶穌所受到的刑罰
兆鴻的心裡得到平安
以上禱告
奉主耶穌基督的名
AMEN

　　其實就這麼簡單，每天早上我送小孩上學的時候，我一樣跟他們做一個簡單的禱告，示範一下：

親愛的天父
感謝祢賜給我們恩典滿滿的每一天
求祢保守 Yoyo、Jasper
讓他們上課專心、考試細心、跟同學玩得開心
以上禱告
奉主耶穌基督的名
AMEN
HALLELUJAH

　　以上這樣短短的一段禱告，但是裡面精選了幾個字，第一個，親愛的天父，你跟天父的關係不是舊約神和律法的關係，我們現在跟天父的關係，是進入新約，新約就是新的約定。在新約裡我們跟天父約定，祂是我們唯一的父，我們是祂的王子、祂的公主，所以第一句話，親愛的天父。

　　第二句話，感謝祢賜給我們恩典滿滿的每一天，這一句話主要在宣告，也是在禱告。前面我們說過《聖經創世紀篇》，神的靈運行在水面上，神說有光，於是就有了光，神的話語大有能力，而我們人類是神按照祂的形象創造出來的，人類的話語自然也大有能力。在《聖經》裡面有講，我們對人要講安慰、勸勉、造就人的話，如果你是基督徒，或者你具有基督徒精神（就是你不見得受洗，不見得常去教會，但是你愛神、你愛人），那你就應該試著去對每一個人講安慰、勸勉、造就的話，而不是去講負面的語言，去產生偷竊、殺害、破壞、毀壞，這些是撒旦做的事情。

　　其實我們從一個人的語言，觀其行聽其言，就可以知道他這個人是不是屬神的，還是屬撒旦的。第二句話，感謝天父賜給我們恩典滿滿的每一天，每一天你都覺得天父賜給你滿滿的恩典，數不盡，

索取聖經

如江河般，天窗打開了，天國的窗打開了，把數不盡的恩典像江河般傾倒在你身上、我身上，這是宣告，也是禱告。

　　感謝天父，剛接了一個電話，是基甸會的廖會長，基甸會是一個送《聖經》的單位，如果你對免費索取《聖經》有興趣，可以掃描這個章節或書最後面的 QRCode，你可以免費來索取《聖經》；如果你已經是弟兄姊妹的話，你也可以申請加入基甸會的會員，加入基甸會的會員之後你就可以跟基甸會來索取《聖經》送給你身邊不是基督徒的慕道友，你的親朋好友。

　　一般來講，如果你已經受洗成為基督徒，基本上你自己會去找《聖經》、會查考《聖經》、會接觸《聖經》，基甸會這個《聖經》原則上是以送給非基督徒，還沒有受洗的慕道友為主，

我們要做天父的好管家。

　　基甸會送的《聖經》前面有非常好的指導索引使用，就是當你在人生的過程當中，碰到徬徨無助、婚姻觸礁、金錢困難等各式各樣的狀況時，可以來翻基甸會贈送的這個《聖經》，前面有索引，你就可以很快地找到相關的經文。

　　其實讀《聖經》就是神在跟你說話，剛才前面我有提到，《聖經》裡面告訴我們要跟人說安慰、造就、勸勉的話，《聖經》的話是神的話，神的話當然也是安慰、造就、勸勉的話。

　　講回來早上我帶兒子們做的禱告，親愛的天父，這是講新約的關係，而不是舊約的關係；感謝祢賜給我們恩典滿滿的每一天，這是宣告，也是禱告，一般人叫做預告；求祢保守 Yoyo、Jasper。然後接下有三個重點，保守的那個對象是誰，把你要為他禱告的那個對象，他的名字放進去，這樣他聽到心裡會更有感動、更有感覺，更能夠跟聖靈來同工。

　　帶著我兒子禱告的第一個重點，求祢保守 Yoyo 跟 Jasper 上課專心，因為他們要上學，上學的重點就是要上課專心，我其實在告訴他們，上課要專心聽老師講內容，但是一般的爸媽他就是「Yoyo，上課要專心哦！Jasper，上課要專心哦！」通常這種爸媽式的提醒，其實你跟我都當過小孩子，都知道這並沒有太大的作用，因為嘮嘮叨叨，聽太多了。我覺得用這種禱告的方式，他們反而自己會刻在腦海裡面，上課專心、上課專心、上課專心！前面也提過了，重複十六到二十一次，就有機會從短期記憶進入長期記憶，第一個重點就是上課專心。

　　如果剛好是考試期間，例如早上我小兒子 Jasper 剛剛跟我講，他說：「爸爸，前幾天老師跟我講我通過了家裡面那個考

試。」家裡面那個考試是什麼呢？就是過年前，他們做了一個final test，把這個期末測驗的考卷帶回家就叫「家裡面那個考試」。印象中幾乎是滿分，好像只有一、兩個小錯誤吧。他說：「我下禮拜就可以到 J3」他們是小班叫 J1，中班叫 J2，大班叫J3，因為他通過了考試所以可以進入到J3。他一直想要提升他的level，提升到下一個等級覺得很驕傲、榮耀。

你看，當我帶他們禱告的時候我說上課要專心，然後考試要細心，結果我小兒子 Jasper 就跟我講這件事情了。其實在禱告的時候，你就是在跟人做交流，尤其是你在為別人禱告，因為你在為他碰到的困難、處境、挑戰禱告，而且，你沒有收他任何錢，這在現代都市生活的人們心中，會覺得是很難得的，為什麼？因為我們可能是素昧平生，可能才第一次見面，卻願意這麼做。而家人有時候因為太熟悉了，反而不懂得適當的禮貌，透過禱告、透過宣告，剛好可以來補足這個心理需求。

早上我帶兒子們的禱告，第一個，上課專心；第二個，考試細心。因為我們也當過小孩子都知道，小朋友比較粗心大意、不會檢查。你只叫他上課、考試，這樣好像不太平衡，所以我設計了第三個禱告，就是跟同學玩得開心，聽到跟同學玩得開心他們就會覺得太棒了！爸爸為我禱告我跟同學玩得開心，但是一定要注意安全。在禱告的主軸之外你還可以另外去提醒一些補充的細節。

另外我在晚上陪小孩睡覺的時候，我們家主要是我陪睡，然後他們睡著了之後，我再起來做要做的事情，在陪睡的時候，我會問：「哥哥，你今天最開心的事是什麼？弟弟，你今天最開心的事是什麼？」透過這樣的溝通交流，我跟他們幾乎每一天，除

非偶爾出差不在，真的沒有辦法，或者我晚上有事情去忙，比較晚回家，那就是我的太太，媽媽帶他們睡覺，我就沒有跟他們一起禱告、一起問這個問題，不然百分之九十八、九十九的時候我都會問「你今天最開心的事是什麼？」哥哥就會說今天就開心的事是上課老師給他點數、加分；弟弟就會說今天跟 J－a－c－k、J－e－r－e－m－y、C－l－a－i－r－e玩，他喜歡同學的名字用拼的，而不是直接講。

在這個過程當中，親子的互動就增加了，每天為他們禱告，那對我來講，我心裡就會得到很大的平安、安慰和喜樂。

這裡我又要懺悔了，因為我們基督徒常常要反省、懺悔。就是我跟小孩這樣的互動，我倒是跟我老婆，跟我太太比較少這樣的互動，親愛的天父，我要來禱告，求祢來敞開我太太的心房，讓她接受耶穌成為她的救主，讓她慢慢地接受我可以為她禱告，可以為孩子禱告，可以為家人禱告。事實上我現在還幫我的媽媽禱告，因為媽媽有家族性遺傳的這些手抖的一些狀況，我也會不定期的幫她來禱告。

講到不定期，應該事實上要盡量定期禱告，因為禱告愈密集、時間愈長，效果會愈好。五年後是不是要當牧師？我不知道。在《聖經》裡面有提到，有五種職分，有先知、有教師、有牧者、有傳福音的等等，總共有五個職分。前一陣子我去參加了一個天國文化特會裡面的先知學校，覺得因為我的語言邏輯智能方面是比一般人強一點，這可能跟先知這個職分有一點關係，至於怎麼樣用，用到什麼程度，不知道，主掌權。

對於基督徒來講很簡單，我感覺我有這個恩膏、我有這個恩賜，我們來禱告：

親愛的天父

求祢來使用我

我願意全然地擺上

請祢三十倍、六十倍、一百倍地使用我

不要有限制

因為我要在今生得百倍

來世得永遠榮耀

AMEN

以上禱告

奉主耶穌基督的名求

AMEN

HALLELUJAH

6 五年後當牧師？（下）

這一個章節，本來是我要說我五年後是不是會成為牧師，但是其實我透過這個章節已經在開始教導大家怎麼樣透過禱告、宣告去跟自己，還有家人們互動交流。接下來你可以往外去為你的親朋好友禱告、交流，透過基甸會送《聖經》給你身邊的人，儘管你還不是基督徒也沒有關係，如果你真的有心，你說「兆鴻老師，我還不是基督徒，但是我想送《聖經》」沒關係啊，我是基督徒，我是基甸會的會員，我可以幫你申請《聖經》讓你來送，但是記得我們要當天父的好管家，不要只是為了把《聖經》當免費的禮物，就這樣送出去，而是真心的在某一個親朋好友碰到困難的時候，覺得《聖經》可以幫忙他，再送比較有效益。

事實上很多在醫學上，憂鬱症、躁鬱症，各種精神疾病狀況在醫師醫治不好的情況下，最後來到教會，透過教會聖靈充滿、天父醫治他、耶穌感動他，很多人就因此在疾病上得到自由、醫治、釋放、恩典，這個真的是很大很大的恩典。

我要再一次老王賣瓜一下，這本書價值多少？我不敢講，你自己來講，依我個人的生命經歷來講，我覺得這本書對我來講價值無價，可能價值一百萬，可能價值兩百萬。如果沒有認識主，我就沒辦法得到自由、醫治、釋放、恩典，內心深處的那些傷痛，完全地把它弭平，使它能夠結痂。

耶穌被釘死在十字架後三天復活，後來升天，在復活的過程當中，祂顯現給幾位門徒看，其中有一位多疑的湯瑪士，doubting

Thomas，這在英文裡面是很有名的，所以湯瑪士不只是小火車，湯瑪士還是一個多疑的門徒。哈哈

湯瑪士就聽其他弟兄說他們看到耶穌復活了，甚至聽到別人也這樣講，結果第一個，他覺得為什麼耶穌顯現給其他人看，不顯現給他看？第二個，他說我不是不信，但是我沒看到啊，所以我還是不能完全地相信。

耶穌最後顯現給湯瑪士看的時候，叫他過來，你來看看我手上這個釘痕。耶穌被釘死在十字架上，耶穌復活，請問，復活是什麼樣的大能啊？死了都可以再活過來，難道手上的釘痕沒辦法復原嗎？當然有辦法，但是耶穌故意讓他手上的釘痕沒有復原，而讓這個 doubting Thomas，懷疑的湯瑪士可以檢查他手上的釘痕，確確實實地確認，這位在他眼前復活的耶穌，就是幾天前被釘死在十字架上的耶穌，拿撒勒人耶穌。

到底五年後，兆鴻老師會不會變成牧師、會不會變成傳道人呢？我真的不知道。這個五年後是怎麼計算出來的？因為現在我在唸神學院，現在一邊要工作、一邊要唸神學院，時間真的不多，大概修個三學分、六學分，其實已經盡力了。當然如果，這是蒙主喜悅的事情，主希望我盡快能夠成為傳道人、能夠成為牧師的話，那主啊，我在這邊禱告，求祢來為我開路，因為家裡有兩個小孩要養，有媽媽、有老婆要照顧，怎麼樣做？我們知道在人不能，在神凡事都能，我現在馬上做一個示範禱告。

親愛的天父
求祢來為我開路
我願意來擺上

為你三十倍、六十倍、一百倍的使用
因為我們知道先求天父的果、天父的意
其他的天父必添加給我們
我們不只要在今生得百倍
還要在來生得永遠榮耀
以上禱告
奉主耶穌基督的名求
AMEN、AMEN、AMEN

不一定能夠成為牧師，不一定能夠成為傳道士，但是我在計算，如果一年修個六學分，一般這個神學碩士要三、四十個學分畢業，按這樣的計算的話，大概五年左右可以正式拿到一個神學碩士的學位，這個時候正式成為傳道人、成為牧師，就順理成章，也名正言順，這個是五年計算出來的原理。

這跟十一年前，我在計算我要去唸企管博士班，我要成為老闆顧問的狀況一樣，那個時候其實也不太清楚什麼叫老闆的顧問，到底要做什麼？但是，宣告之後，開始往這個目標前進，慢慢慢慢，一年、兩年、三年過去，到了第七年的時候真的有一個一年五十萬到一百萬的年度的顧問案出現了。

這個是很神奇的，就是一切天父自有安排，以前我不知道，現在我知道了，要更善用基督徒的倚天劍、屠龍刀，基督徒的兩大武器，當你碰到不順利、傷心難過不好的事情，遇到別人冷嘲熱諷，碰到這些讓你難過、讓你不舒服的狀況，你就可以宣告「撒旦！退後！奉主耶穌基督的名求，AMEN」

當基督徒真的是好處太多太多了，不用太繁雜的宗教儀式，

你只要抓到幾個基督徒精神的精髓，老王賣瓜地講，在這本書－《阿爸天父為你設計的精品人生》裡面，已經提供給你，不管你是已經受洗、常上教會的弟兄姊妹們，或者是你完全沒有接觸過基督教的，有基督徒精神的弟兄姊妹們，我相信你在這本書裡面可以pick up，可以接收到、吸收到很多關鍵地基督徒精神的重點。

天父給我這樣的恩賜，讓我有這樣的才能，相較於一般人，在比較短的時間內抓到一些重點，天父要我寫這本書來跟更多人來分享，告訴你，你是天父的王子、妳是天父的公主，你是珍貴、有價值、被愛的。我們要不斷地重複十六到二十一遍，讓它直接進入潛意識，直接內化，直接變成你每天早上一起床、每天晚上睡覺前都會不斷自我重複、催眠、內化的一個關鍵字，因為我們要回到天父的身邊，成為祂所愛的孩子，其實我們每一個人都是天父所造，天父不遺棄任何一個人。

幾天前在跟基甸會的一位會長在聊天的時候，我們就談到說很多人送《聖經》，可能剛開始不太瞭解要怎麼送，結果感覺浪費了很多的《聖經》，甚至被丟到垃圾桶裡面去。但是這位會長就告訴我們說，表面上從人的角度，或許我們覺得滿浪費的，但事實上，後來有一些流浪漢、有一些人做資源回收，後來就從垃圾桶裡面撿到了這個被丟掉的《聖經》，可能就因此得救，可能就因此回到天父的身邊。這真的非常有趣，當然我們還是要盡量做天父的好管家，把金錢做最好的運用。

《聖經》裡面有講，一個人不能侍奉兩個主，不能侍奉神又侍奉瑪門，瑪門就是錢的意思。天父要告訴我們的意思是說，要我們超越錢、超越這個世界，《聖經》裡面也講心意更新而變化，勝過這個世界，而不要被這個世界勝過。當你感覺難過、無

助、不曉得怎麼辦，被冷嘲熱諷、受到挑戰的時候，你就是被這個世界勝過。

怎麼樣勝過這個世界？很簡單，身為一個基督徒，或身為一個有基督徒精神的弟兄姊妹，你可以禱告、宣告，透過禱告、宣告，你就突破了撒旦給你的試探，撒旦，後退！奉主耶穌基督的名求。

我感覺聖靈剛剛給我一個感動，在看這本書的你，目前可能碰到一些挑戰、可能碰到一些你覺得滿大的困難；但是記得，不是倚靠勢力，不是倚靠才能，乃是倚靠神的靈方能成事，一切天父自有安排，一切自有神的美意在其中，萬事互相效力，叫愛神的人得益處，在人不能，在神凡事都能。

透過這樣的禱告、透過這樣的宣告，你的困境、你的挑戰就會一一被突破，因為天父，只要你呼求祂，祂就會憐憫、祂就會施恩，祂就會讓你有意想不到的神蹟奇事的經歷。在教會裡面我們聽過太多太多的見證，不管是財務上、家庭、夫妻感情上，或者是病痛、疾病、癌症、膽結石等等，太多太多的見證。請你務必天天宣告跟禱告。

這個段落討論到底五年後兆鴻老師會不會成為牧師、會不會成為傳道人？答案：我還是不知道。但是我已經在做牧師跟傳道人做的事了，就是傳福音。五年後你碰到我的時候，你可以問我「兆鴻老師，你有沒有變成牧師傳道人啊？」可能我會跟你講沒有耶，但是我會繼續不停傳福音。

耶穌為我們的罪被釘死在十字架之後，三天復活，後來升天之前，被接到天上坐在天父寶座的右邊寶座時，他就說，賜給十二門徒恩賜、恩膏，讓他們把這個福音從薩瑪利亞直到地極，傳

播出去，要做萬國萬民的主，主耶穌基督是萬王之王。如果主耶穌基督是萬王之王，那我們每一個人都必須是某一個領域、某一個地區的王。譬如說，我如果在這個企管顧問界成為企管顧問界的翹楚，這只是舉例來說，當然我現在還差很遠，但是可以禱告、宣告。《聖經》說居上不居下，作首不作尾，只要你是為主擺上，為天父來傳福音、做事情，主會為你開路。

這一次金馬獎還有金鐘獎，其實你可以上網去看，很多的歌手、藝人、影星，他們在得獎之後都是把榮耀歸給主，讚美主、感謝主。因為，作為人是有限制的，每一個人都會碰到挑戰、碰到困難、碰到撒旦綑綁，但是一旦宣告、一旦禱告，就會突破，這個就是人生裡面的神蹟奇事。

在這個段落，我希望正在讀這個章節的你，看完這個章節之後，透過神的話語，透過我傳遞出來神的話語，你會得著力量，你的生命會開始改變，我們要透過生命改變來傳福音，我們要愛不可愛的人，我們要愛人如愛己，我們要愛神，我們要愛人。

按照主禱文裡面說的，親愛的天父，願祢的國行在地上如同行在天上，我們日用的飲食，祢賜給我們；免我們的債，如同我們免了別人的債；叫我們不遇見試探，救我們脫離兇惡，因為榮耀、權柄都是祢的，直到永遠。

AMEN、AMEN、AMEN

以上禱告

奉主耶穌基督的名求

AMEN

HALLELUJAH

親愛的天父，感謝祢賜給我們恩典滿滿的每一天，雖然今天在台北天氣有點陰雨綿綿，不過我們繼續來寫《阿爸父為你設計的精品人生》這本書的……，沒有意外的話，這是最後一個章節段落，惟文辛苦了。

　　今天最後一個段落有兩個小標題，第一個標題是呼應上一個標題，我提到了五年後成為牧師？！因為很多事情在人不能，但是你要記得下一句話，在神凡事都能。

　　對於基督徒來講，任何的事情，我們要常常喜樂、不住禱告、凡事謝恩，凡事都要跟神來禱告，這個我覺得本質上跟求神問卜是有一點不一樣的，要讓心裡得到平安，很多事情我們用人的頭腦去思考的話，沒有辦法想得比較完整、透徹，神愛我們，希望我們用更長遠的眼光以及永生的眼光來看很多地上的事情，我們先禱告。

親愛的天父
感謝祢賜給我們恩典滿滿的每一天
今天我們要完成為《阿爸父為你設計的精品人生》最後幾個章節
求天父賜給我所羅門王的智慧
求天父來保守醫治現在武漢肺炎正在大陸非常快速地在蔓延，甚至在全世界都非常快速地擴散
我們身在台灣這個寶島真的是非常的幸運
感謝主
因為我們在各方面的管控、管制都非常的嚴密
前幾天已經有第一位完全康復的病例，已經回到家中休息了
求主保守我們
在詩篇九十一篇，主告訴我們，因為他專心愛我，所以我要在行的

道路上保護他，讓他免於受到午間滅人的病毒，以及白日飛的箭的傷害

求主保守我們不受到病毒、不受到任何的毒害和瘟疫的影響

在人不能，在神凡事都能

主阿、天父啊

祢是創造宇宙萬物的唯一造物主

所以在祢凡事都能

求祢來保守我們

只要是蒙神喜悅的

主一定會保守

天父一定會來賜恩典

保護每一位弟兄姊妹

以上禱告奉主耶穌基督的名

AMEN

7　兩年後 KS 上市？（上）

　　今天的第一個小標題就是兩年後上市？！呼應前一個章節——〈五年後成為牧師？〉很多事情我們不知道。兩年後上市主要講的是在前面提過的美國 KS 集團呂董事長和 KS 集團。

　　KS 集團在三年多以前，在台灣開始從事雙 B 車進口業務，KS 集團其實在美國已經十幾年的時間了，2003 年在美國內華達州成立，很多上市上櫃公司都會經過一些整併調整，KS 集團在前面也經歷過幾次這樣的整併調整。

　　十多年前呂董事長本來是 KS 的小股東，後來慢慢買 KS 股票，買到最後，在三年多前呂董事長成為 KS 集團 96.7% 股權的擁有者，如果你對股權有一點概念的話，96.7% 股權擁有是一個不可思議的數字。就我所知，馬雲對阿里巴巴，他的股權的掌控大概 8% － 9%，現在應該又再往下調整了，因為他已經找新一代的年輕人來接班。他對阿里巴巴整個股權控制其實不到 10%，甚至更低，我知道他後來又釋放了更多的股權，容納更多的人才進入他的團隊，前面講過財散人聚就是這個意思。馬雲對於阿里巴巴集團，他的控制股權這麼低，不到 10%，但是呂董事長對於 KS 集團的股權掌控到達超過 90%，這是什麼意思呢？講比較白話的說法，就是呂董事長對於 KS 集團的大小事情，掌控權會比較高，其中包含在市場上面的一些股價反應等都是，點到為止，不能講太多。

　　這三年 KS 從雙 B 車買賣租賃的業務開始，後來進入連鎖餐

飲行業，在台灣陸陸續續兩年不到的時間併購了將近三十家的餐廳，包含在香港有五加一，有五家餐廳，其中有一家非常大的婚宴館，還有一家KS CLUB俱樂部。其實2018年底、2019年初，在香港的五家餐廳跟一家婚宴館的狀況營運其實還是非常好、有賺錢的。當時其中有一家國宴會館，在香港尖沙咀天文台道八號五樓，這個婚宴館一個月租金六十九萬港幣，你就把它算整數，七十萬港幣，七四二十八，一個月的租金是兩百八十萬台幣，你想像一下這個租金、這個規模，一般人是不可能做這樣的事業版圖的擴張跟平台的搭建。

另外我剛剛講的KS CLUB俱樂部，其實KS俱樂部一直以來都是很賺錢的，一年可以賺個幾千萬淨利潤。但是很不幸地，2019年碰到反送中事件，從六月那時候開始，一直到現在 2020年的二月份了，已經經過了半年多的時間，香港整個狀況並沒有好轉。當時在 2019年六月的時候，大家還在想說有沒有可能到十一月，到他們選舉完畢之後可以改善，結果好像沒有，維珍澳洲航空，宣佈永遠停止往香港的航線，就是代表他們對香港情勢的判斷並不是很樂觀。

2019年，本來美國KS集團是在2018年年底就希望能夠趕快送財報，趕快在 2019年能夠趕上時間上市，轉主板上市，因為KS集團在2009年已經在美國OTC上櫃，其實真正最高股價的股票並不一定在上市的市場裡面，而是在上櫃的市場裡面。在美國OTC 上櫃市場裡面有一檔最高價的股票，是一支股票十五萬美金，這是很恐怖的數字，一支股票十五萬美金，我們平常看到蘋果、微軟，Facebook這些公司，幾百塊美金、幾千塊美金已經是嚇死人了，沒想到在 OTC Pink 板裡面有很多知名公司，譬如說

統一企業中國控股公司也在Pink板，騰訊控股公司也在OTC Pink板，如果你去過香港，有一個周大福珠寶？它也在OTC Pink板，其實有非常多我們耳熟能詳的公司，瑞士還有一個巧克力的公司，瑞士蓮？如果我沒記錯的話，因為它的中文翻譯跟英文不一定完全一樣，巧克力公司也可以做到美國 OTC Pink 板，而且股價是好幾百塊，前面我有講過一個章節就是你不知道的事情不一定不存在，也是這樣的意思。

原來準備 2019 年要轉主板上市，但很不幸地碰到兩個事件，都是國際政治跟國際金融很多的變數的部分，第一個就剛才講到，2019 年六月開始，愈來愈演愈烈的香港返送中的事件；那另外一個是在 2019 年初，美國總統川普讓美國聯邦政府關門好幾個月的時間，這都不是我們本來能夠預期的。

《聖經》裡面有一句話，意思大概是如果不是上帝所蓋的城牆，一切都是枉然。在教會裡面有一位姊妹就做過這樣的見證，他們家族在 2008 年雷曼兄弟的時候，有幾千萬的存款，在銀行裡面一夕之間全部歸零，所以她深刻地體會到，若不是蒙神喜悅、若不是神所建造的城牆、產業的話，一切都是枉然，也就是說它可能一夕就血本無歸，一夕就歸零了。

記得上帝阻擋驕傲的人，要盡量的謙虛、謙卑，要盡量去蒙神喜悅，要常常禱告、時常宣告，回應我剛才前面提到的，我們要禱告，禱告的原因不是要求神問卜，禱告的原因是要得到心裡的平安，因為人在做很多事情的時候，他知道這件事情可以做、不能做，是算正能量的事情還是負能量的事情，是善良的事情、還是邪惡的事情。但是，人雖然有這個判別能力，卻會因為利益、會因為錢、會因為財跟色等，自己利益相關的事情，假裝看

不見，蒙上眼睛就以為看不到，閉上耳朵就以為聽不見，這好像是一首歌（笑）。

兩年後能不能上市？沒有人知道，但是還是得預計啊，就像我在前一個章節提到的五年後兆鴻老師會不會變成牧師？沒有人知道，但是這是一個目標，只要蒙神喜悅的事情，就會速速發生，按時候結果子，這都是《聖經》裡面講的。

我其實非常後悔太晚讀《聖經》，如果我可以早一點讀《聖經》，我會瞭解更多人生真理，感謝主、感謝天父，讓我在教英文的二十幾年當中，最後五、六年的時間，潛心研究字根，字根不斷地帶我回到《聖經》，於是我就開始比較認真地去讀《聖經》。

再次提醒大家，如果你需要免費的《聖經》，歡迎掃描QRCode，感謝天父，因為最近我們接觸了基甸會的弟兄姊妹，不只有越南文的《聖經》、印尼文的《聖經》，還有中英對照雙語的《聖經》、大字版的《聖經》、精裝版的《聖經》。看你需要哪一個版本的《聖經》，你需要送給什麼樣的對象，我們可以來免費提供《聖經》給你，讓你來送給需要《聖經》的人。事實上每一個人都需要《聖經》，很多人以為基督徒才需要《聖經》，其實不對，每一個人都需要《聖經》。在這本書最後的附錄裡面有十大感動見證，其中洪漢義弟兄，他就是因為一本《聖經》救了他的靈魂，因為一本《聖經》，讓他的生命有大翻轉，在這邊我不要做太多的劇透。

讀完這一章，如果你有興趣，心裡有感動，覺得我要聽一下洪漢義弟兄的感動見證的話，掃描一下書後面的 QRCode，我都有幫你準備 QRCode，手機掃描直接就會跳到網頁上面去看他在

YouTube 上面的影片見證，我覺得真的是非常棒！真的有天堂，真的有地獄，你自己去聽洪漢義弟兄的見證。

兩年後能不能上市沒有人知道，但是我們必須一步一腳印的繼續往前走，美國 KS 集團在台灣叫環視創富，而且這個環視非常有趣，記不記得我常講的，在人不能，在神凡事都能，剛好有一點諧音哦，在人不能，在神「環視」都能。哈哈！不曉得你有沒有聽懂，在神「環視」都能啊！對不對，神都說「環視」都能了，「環視」一定都能。

這也是宣告，這也是禱告，我們要繼續努力，三年多以前開始雙B車的業務，兩年多以前開始併購餐廳，最頂峰的時期併購到將盡快要三十家餐廳。

之前我們也都沒有做APP，2019 年的七月我們已經把KS PAY APP 做出來了，在使用上就方便了非常多，你可以儲值會員點數，到 KS 連鎖餐廳吃飯，直接扣點，不用再付現金。

這一切的一切，呂董事長已經花了超過十億新台幣來打造這個平台，人的一輩子有多少機會可以碰到這樣的一個老闆？第一，他是一個基督徒；第二，他想要有回饋的心來實現國際金融版的五餅二魚的理念，他想要蓋福音基地，想要蓋神學院；第三，他還願意把他的股票拿出來跟大家分享，邀請你來做 KS 集團的股東，這真的不簡單、非常不容易。

投資注意四大法規

記得，在股權投資方面，你一定要注意四大法規，台灣有四個非常重要的法規，第一個叫《公平交易法》，第二個叫銀行

法，第三個叫《證券法》，第四個叫《刑事詐欺法》。

《公平交易法》主要是管理直傳銷，因為台灣直傳銷已經被做到有點歹名聲，名聲不是很好，其實在美國，在很多國家直傳銷是一個很好的系統、很好的體制，可以打造被動收入，甚至美國有很多上市公司以直傳銷為主。台灣在這一塊上面，因為有一些人為上面的狀況，人是不完美的，人是有罪的，所以，業務方面有搶線、跳線的問題，公司有惡意倒閉的問題等等這些，直傳銷變成過街老鼠，人人喊打。

偏偏人又是很有趣，知道會受傷，又很喜歡冒風險，有一個說法叫三六九項目，三個月賺大錢，六個月回本，九個月倒閉，這叫三六九項目。所以你在市場上如果要評估投資或跟人家合作，請你注意這種三六九項目是非常危險的，千萬不要碰。直傳銷本身沒有不好，但是因為人為的操作的原因，所以也是要小心，KS 集團完全不走直傳銷的體制，原因就是要避免後面衍生的一些問題。

第二個叫做《銀行法》，《銀行法》規定，像現在有很多所謂的資金盤，所謂的加密貨幣，這個都是非常危險的，為什麼？因為他會跟你說你拿一百萬來，每個月還利息給你 10%、給你 20%，這都是違反《銀行法》。因為你不是銀行，你不可以像銀行一樣每個月返利，像之前有一個萬分之五回饋返利的一個公司、一個系統，現在聽說也停止了。

還有《證券法》，因為你不是券商，你不可以買賣股票，股票要用合法的方式。舉例，什麼叫合法的方式？譬如說你跟我本來沒有關係，你來我餐廳吃飯，你是我的消費者，但是你因為來我餐廳吃飯，吃了我從義大利進口的原裝意大利麵、義大利麵

醬，你就成為我的業務人員。你成為我的業務人員之後，你找三家餐廳，每一家餐廳一天假設賣六十盤義大利麵，那三乘以六十，每一盤義大利麵給你賺十塊錢，麵給你賺五塊錢，醬給你賺五塊錢，然後乘以三十天，你一個月可以賺五萬四千塊，五萬四千塊，就算打五折一半，你一個月也賺兩萬多塊。

這是被動收入，你只要一次性的找三家餐廳跟KS集團採購，你就有每個月幾萬塊的被動收入哦！這是呂董花了超過十億新台幣所架構出來的平台，現在提供給你最大的利益之一，打造你自己的被動收入，自己不用花十億，因為KS集團已經把這個平台搭建完畢了。

當你跟公司有這一層合作，請問你是不是變成公司的小盤商的概念？等你賺了錢，你再來跟公司批貨，是不是變成中盤商或大盤商的概念？公司對於中盤商、小盤商、大盤商，等於是B2B，就是business to business，企業體對企業體的概念。

慢慢你規模發展起來，就變成KS集團在台灣分公司下面的子公司的概念，當你成為我們代理商、經銷商。當你成為我們子公司時，KS集團就可以給內部的獎勵的股票，因為你是我的經銷商，你是我的代理商，這等於是股權分紅的意思。所以，就不是買賣股票的方式，而是用業務合作的方式，然後透過業績的評鑑來分配股票獎勵的數量。

這個在新竹科學園區，幾十年前其實就是非常常見的，有期權股，意思就是老闆希望你再多留在公司三年，如果期滿三年，這些幾萬股，打個比方，五萬股就送給你，但如果你只留了一年半，那就按照比例，不能給你五萬股了，因為你只留了一年半，按照當初約定，一半，兩萬五千股給你。當然也有可能老闆會跟

員工約定，如果你沒有留滿三年，抱歉這五萬股全部都沒有，但是固定每個月或每年或每季的配股給你，這個叫期權股。

股權其實有非常多種變化，重點，一切都要符合證券法，我們前面講了要符合《公平交易法》，要符合《銀行法》，要符合《證券交易法》，最後還有一個關鍵，刑事詐欺法。

什麼叫《刑事詐欺法》？就是有部分不肖的老闆，會拿一筆錢，像我聽過一個最誇張的，某一個資金盤，是怎麼操作的呢？這個老闆從頭到尾就是打算做假的，舉例，拿個五億出來，可以吸金十億，淨利潤是不是五億，他從頭到尾就是這麼打算的，淨利潤五億裡面，我就拿一億出來分給那個願意當這間公司人頭董事長的那個人。從頭到尾就跟人頭講，「林董，拜託你出來當這間公司的董事長，那我跟你講，從頭到尾我們就是玩假的，但是你放心，我會有五億台幣的資金拿出來做這一次的運作操盤，整個操盤完畢，我們大概可以吸金到十億，運氣好的話十五億或二十億，最少我們吸金了十億之後，你可能會被抓去關，關個幾年，沒有關係，關幾年出來之後我這五億我就分兩成利潤給你，我就分一億給你。」我為什麼會知道呢？因為我有一個朋友當初就是被這位幕後的老闆詢問要不要去當這個掛名的董事長，擺明了跟你說你會被抓去關，擺明了跟你說我準備吸金多少，這個是很恐怖，也很不應該做的事情。

果然，後來我有一些朋友，在市場上很活躍的，就是被這樣的圈套害了，後來全部受傷嚴重，到最後，這一家資金盤公司也炒作話題，說有對接一個美國上櫃公司準備要上市，然後，把股價突然間炒很高，過沒多久，整個就大崩盤。在最後一波，看到美國股價這麼好，哇，暴利哦！哇，可以賺大錢哦！這些投機份

子，最後都受傷很嚴重，其中有包括一些我的朋友，當時他們也有跟我講這個事情，但是因為我看它的本質，它是一個資金盤，它本身沒有造血的功能，就是這一間公司根本沒有實體產業，他就完全在玩金錢遊戲，叫做後金養前金，叫龐氏騙局，這是非常需要注意的，你一定要非常注意市場上這些詐騙的方式。

這些老闆，你看他董事長，總公司董事長都是假的、都是人頭，那更別講說他的分公司，他的分公司當然更是找一些人頭。KS 公司全部，包括總公司，子公司全部都是在呂應必董事長他的名下。

所以符合四大法規，完全沒有任何風險，我們再重複一次，第一個是《公平交易法》，第二個是《銀行法》，第三個，《證券交易法》，第四個，《刑事詐欺法》。以後要做任何的投資或跟任何人要合作之前，警覺思考一下這四大法規。

8 兩年後 KS 上市？（下）

　　這個單元要講兩年後 KS 集團會上市嗎？我相信只要是蒙神喜悅，我相信我們是走在合法的道路上，那神一定會賜福，天父一定會來保守我們，我們一步一腳印來實現神的道路，來先求天父的國，先求天父的義，其他的必添加給我們。

　　後來，從雙 B 車的業務擴展到連鎖餐廳的業務，現在因為反送中，聯邦政府關門，台灣餐廳經營管理的問題，現在餐廳縮編到一半左右，大概十四、十五家，但是，這個平台會繼續維持著，對於要參加這個平台的人沒有任何風險，為什麼？

　　舉例來說，參加十萬塊中盤商的經銷商代理方案，你有五萬塊是可以在 KS 集團的時尚會館、連鎖餐廳裡面完全消費掉，吃到你的肚子裡面，而且吃的東西是無毒聯盟的食材，是用甲殼質，生命第六大元素，所清洗過的食材、烹調出來的食物，非常的安全、健康。

　　KS 集團的理念，兩句話，第一句話叫愈吃愈健康，第一你一定要吃得健康，因為現在很多黑心的食品讓人們吃得不健康，迫害人的身體，這是很大的一個罪惡；第二個，愈吃愈健康之後要愈吃愈有錢。

　　怎麼愈吃愈有錢？我剛才講到，你只要去找三家餐廳，跟 KS 集團進貨，買 KS 集團的義大利原裝進口的義大利麵、義大利麵醬，這樣子一個月保守估計兩、三萬，如果義大利麵餐廳生意不錯的話，你大概可以一個月有三、四萬，甚至四、五萬的被動收

入。

當你有這個被動收入，你再來加入中盤商，五萬塊吃飯，五萬塊有橄欖油、紅酒，義大利兩百年有機酒莊的限量的紅酒，以及有機初榨，冷壓初榨的橄欖油。就是除了麵是最入門款之外，你可以再進入有機橄欖油、有機紅酒，這種比較中高端的這個產品。

舉個例子來說，這一家義大利麵餐廳的老闆，他先跟你訂了義大利麵，生意不錯，而且你在門口可以貼上「為了你的健康，為了照顧你的健康，本店使用原裝進口義大利麵、義大利麵醬，本店已經加入 KS 無毒聯盟。」

這就是一個在整合行銷方面非常重要的概念，以及呂董事長花了十億新台幣去搭建出來的一個非常好的聯盟平台，按照四大法規的嚴格要求來檢查、審視，你就會發現，KS 集團是一個完全沒有風險的平台。

兆鴻老師你怎麼一直在打廣告？對，我就是在打廣告。因為坦白說，你這一輩子要再找到這樣的機會真的不容易、真的沒那麼簡單。因為呂董事長是他到了這個……算是孔子說的，三十而立，四十不惑，五十、六十、七十歲，從心所欲不踰矩，呂董事長已經到了這個等級、這個層次了，對他來講，錢已經不是太大的問題。因為他十多年前開始，受到陳香梅女士貴人的提拔，開始從事國際金融的學習，後來，從事國際金融的這幾年賺了非常多的錢，但是這個錢要怎麼樣回饋給大家，要怎麼樣信守他當時答應天父所發的願？他現在用 KS 的股票來跟我們的中盤商、小盤商、大盤商來合作，用股權獎勵來回饋給有幫 KS 集團推業績的這些代理商們，這是一個非常創新的概念，也是一個十分完整

的平台，他現在就等有志之士來一起參加、一起參與。

阿里巴巴十七、十八年前，大家也不覺得這是一家什麼樣的公司，但是經過這十多年來，他已經在美國上市，聽說當初有一個在阿里巴巴接電話的這個總機小姐，童小姐。當時，人家都跟她說馬雲是詐騙集團，人家都跟她說這間公司快倒了，這間公司神經病，為什麼？因為進這間公司要呼口號，有很多的文化、有很多的理念宣導。

講到這個，美國 KS 集團的文化理念非常簡單，就是以耶穌的心為心，其實 KS 集團的核心價值、理念，就是《聖經》的核心價值、理念，呂董事長想要用他美國的 KSIH 股票，實現國際金融版的五餅二魚。五餅二魚的故事在前面已經講過了，如果你跳著看，不曉得什麼叫五餅二魚，你可以翻到前面去看這個五餅二魚的故事。

這個段落講兩年後 KS 會不會上市？我還是不知道，但是，我相信有你的加入，就像阿里巴巴當初有很多人，像阿里業務鐵軍，後來台灣有一個非常棒的人才加入了馬雲阿里巴巴十八羅漢的陣容。

其實馬雲剛開始根本搞不清楚怎麼弄公司，因為馬雲跟我一樣都是英文老師出生的，英文還不錯，接下來就是有一點理念、理想和口才，當然馬雲的口才不用說，是世界聞名，已經不是華人圈聞名，他到全世界各地去都可以演講，因為他是英文老師出身的。

當我看到馬雲之後，我對於我自己英文老師出身也抱著非常大的希望，英文老師可以不只是英文老師，也可以是美國上市集團的 CEO 董事長，當然我並不想做得像他這麼累，我跟馬雲的

等級還差很遠很遠，但是我們只要有他萬分之一，我們只要有他千萬分之一，我覺得就夠了，如果他有千億的財產的話，我們就多少，一億就 OK 了嘛，台幣哦，而他可能是美金。

所以，兩年後會不會上市？我覺得有你加入，一定會上市，我現在在宣告，我現在禱告，親愛的天父，求祢來保守 KS 集團，因為呂董他以耶穌的心為心，花了十多億的新台幣搭建了 KS 集團這個平台。

KS 集團上面你可以來買賣雙 B 車，可以獲得股權獎勵，因為你有對公司業務的推廣，業務上的幫助，對未來的財報、對未來的股價的表現也都有助益，公司這邊就會給代理商、經銷商股票分紅。

求天父保守 KS 集團，不管是在影視媒體方面，因為呂董事長在中國大陸待了將近快二十年，拍了四十幾部的電視劇，也跟大陸 2004 個地方電視台的通路合作，播放好萊塢正版影片，所以影視方面，董事長也有非常深的基礎。現在 KS 集團在台灣已引進超過一百台雙 B 車。還有就是接下來要開的 AI 超商，AI 超商真正的市場在中國大陸，但因為今年初，爆發了武漢肺炎，這個實體店可能預計半年後在大陸來展開，台灣會開幾家的旗艦店作為 demo，示範店，這是百貨商城的部分。

第四個連鎖餐飲，也就是剛才前面說明過的，本來一年多以前有將近到快要三十家這樣的連鎖 KS 食尚會館，但是因為經營管理的問題、香港反送中的問題，現在整個縮編到一半左右。

再來就是有資訊媒體方面，因為 KS 集團有自己開發了手機的 APP，也開發了進銷存 POS 系統，現在也正在開發外送系統，而現在 Food panda、Uber Eats 都非常的流行，一年都做了幾百億

的營業額。KS 集團有一個資訊的部分產業，在美國本身就是做雲端系統的，最早美國的 KS 集團曾經是挖礦的，實體礦，不是加密貨幣的挖礦，是挖實體礦、礦坑的公司，後來轉型變成雲端系統公司，像國泰世華金控，在敦化南路上有一些軟硬體整合，就是 KS 集團做的。

除了這前面的五大產業，最後一個是最重要的，因為，錢不是萬能，沒有錢萬萬不能，沒有錯。回到呂董事長的本業國際金融，董事長的本業是國際金融，他有足夠的資金操作平台，這樣聽起來是不是已經 99.99% perfect？你很難找到這樣子各方面條件俱足的一個平台，一位董事長願意跟大家分享他的財富，跟大家一起創富，兩年買車，三年買房。

我相信，KS 集團在你跟我一起共同努力的狀況下，兩年後，或甚至不用到兩年，兩年內，今年是 2020 年，明年是 2021 年，其實一到兩年我們就可以如《聖經》講的，按時候結果子，因為前面已經努力三年多了，再加上一年多，其實五年的時間了，已經差不多了。

就算沒有真正上市，剛才前面報告過，Pink，OTC Pink 粉紅版，是美國股價最高價股票所在的市場，一股十五萬美金，你沒有看錯，十五萬如果乘以三十就是四百五十萬，你要買一股這個公司的股票要台幣四百五十萬，嚇不嚇人？嚇死人了！

上櫃其實就已經上到公開市場，只是轉主板上市，成本各方面會再提升，這個是董事長去考慮，因為他的成本會提升將近十倍，甚至更高，股權的效益就會降低，這跟每一個股東的權益也都有息息相關的。當你正式成為我們股東之後，我們會在股東會裡面來跟你報告細節，因為這跟證券法規定有關，不能隨便對外

公開透露。（PS：就在校稿的同時，KS正在陸續推出線上外送、聯合採購還有網路直播平台系統。）

結論，KS勢必會在兩年後上市，或至少股價有相當的表現。最後一個段落我要補充一段，2020農曆過年後發生的一件事情。

9 過年後第一次淹水

　　我相信你農曆過新年都有打掃家裡的習慣，但是今年農曆年過後發生一件事讓我非常的感慨，就是過年後的第一次大淹水，我們打掃完家裡都會覺得哇，家裡面一塵不染很乾淨，就很放心。結果沒想到，剛過完年，有一次我幫 Yoyo 跟 Jasper 洗澡的時候，竟然淹水，我們家是沒有浴缸，因為省水，所以我們用沖澡的方式，結果幫兩個兒子在洗澡的時候發現怎麼水一直淹起來。

　　以前都沒有發生過這樣的狀況，第一，它是一個很突然發生的事情，第二，它是很少發生的事情，所以讓我印象非常深刻。

　　結果就一直淹水，我一打開排水孔一看，原來裡面堆積了非常多的頭髮，這個頭髮一定不是我的頭髮，因為我的頭髮不多，沒有這個問題。是我老婆的頭髮，因為她是長頭髮，多多少少細胞代換都會掉一些頭髮，日子久了累積在這個排水孔下面，它不是在排水孔上面，排水孔上面我們每天都有清掉，它有一些會累積在排水孔下面，這個排水孔它設計得還不錯，因為它有一個蓋子，蓋子打開，它有一個阻擋這個髒東西的設計，讓水流下去，髒東西會卡在這個中間阻擋的部分。

　　為什麼我幫兩個兒子洗澡的時候會淹水呢？因為這卡在中間的這個髒東西已經太多了，所以水就流不下去，水流不下去自然就溢出來，最後怎麼辦呢？最後我就在幫他們洗澡洗到一半的時候趕快把那個排水孔蓋子打開，打開之後因為水流比較大，就可以把那個水沖下去，當然它中間那個阻擋髒東西的東西還是有發

揮它的功效，會把部分的髒東西會卡在那邊，然後水就慢慢排除掉了，不然會淹得整間浴室都是，再淹到外面走廊，再淹到房間，不得了了！就會造成很大的破壞。

這件事情讓我有很深的感觸，因為過年前我們認為一切都打掃乾淨了，看起來表面漂漂亮亮、乾乾淨淨，這個就很像我們很多人，甚至我講個不好聽的話，弟兄姊妹不要介意，因為我只是舉例，很多人說我每個禮拜有上教會，很多人說我偶爾有讀《聖經》，很多人說我偶爾有什一奉獻，這個就是什麼？就是表面打掃得乾乾淨淨，漂漂亮亮，但是在心裡面，為什麼他信主、受洗成為基督徒很多年，但是別人看不出來他是基督徒？因為他沒有透過生命改變來傳福音，他沒有彼此相愛，甚至要愛不可愛的人，他沒有想到在今生得百倍，來世得永遠榮耀。

這個是高雄FIGHT.K教會，蒙恩哥，蒙恩牧師，他講的五大呼召，我覺得非常棒，跟各位分享。蒙恩哥也是好幾本暢銷書作家，《親愛的公主》、《親愛的王子》、《禮物》等等系列，他寫得都非常棒，我個人也受到蒙恩哥講道極大的啟發，推薦各位來聽蒙恩哥在YouTube上面無私的分享他的影片、講道的影片，以及去買他的書來看，《天國的鑰匙》，其實裡面有很多天國的奧秘、天國的秘密，看懂了你就會得到自由醫治、釋放恩典。

講回來，當我過年後回來幫兩個兒子洗澡的時候發現，原本打掃的乾乾淨淨、漂漂亮亮的家裡，竟然問題出在這個下水道，出在這個排水孔下面的不乾淨的地方，也就是我們每個人除了表面乾淨、整潔之外，也要注意到心裡面有沒有透過生命改變要來傳福音。尤其你是教會裡面的弟兄姊妹，就算你不是基督徒，你可以有基督徒精神，就是愛神、愛人，每天多思考一點，如何以

耶穌的心為心，如果你是耶穌，你會怎麼做這個事情？

這邊我突然想到一個例子，以前我開車已經開了二十幾年，開車的時候總覺得路上的人怎麼走那麼慢，對不對？開車的時候你總覺得路上在賣玉蘭花的人，雖然覺得他們滿辛苦的，但是覺得他們好像會造成交通危險，這個是一般人的想法。但是後來慢慢因為聽的道多了，又天天看《聖經》，讀了神學院，所以聖靈感動我，我後來就能夠體會，在看到路上有行人過斑馬線的時候，我就會完全靜止不動等他過。除非那個地方人真的太多，如果你靜止不動根本就半個小時過不去，這種狀況要稍微慢慢往前移動，如果不是這種狀況我會完全靜止下來，等到行人完全通過之後再往前走，這個叫做以耶穌的心為心，耶穌那個時候沒有車，我們這個時候有車，我們非常幸福，但是我們有沒有以耶穌的心為心？

今年一月份開始，我在路上看到賣玉蘭花的阿婆，大部分都是阿婆，以前都只是覺得她們很辛苦，但是內心一方面又會OS，唉唷，妳們這樣子會造成交通的問題啊，交通安全啊，所以以前從來沒想過主動要去買她們賣的玉蘭花。

結果今年一月份開始不曉得為什麼，以耶穌的心為心，我後來每一次在路上看到賣玉蘭花的阿婆，我就主動掏二十塊錢，有時候貴一點，三十塊錢，可能台北市有差，新北市大部分是賣二十塊，偶爾會碰到賣三十塊，就跟她們買玉蘭花。其實我可以不一定要買這個玉蘭花，但是，以耶穌的心為心，她們那麼辛苦、那麼危險，在大馬路上推銷玉蘭花，其實我覺得阿婆的精神是非常值得我們學習的，因為你看看有多少好手好腳的年輕人好吃懶做。《聖經》裡面也有講，五千兩銀子、兩千兩銀子、一千兩銀

子的管家，好吃懶做的人、怕錢財不見的人、把錢埋到土裡面的人，最後被主人沒收，那拿五千兩銀子做神的好管家，做天父的好管家，五千兩銀子又賺了五千兩銀子的人，主人就把更多的銀子給他，因為你在小事上忠心，就會在大事上忠心。

我們每一個人都要做天父的好管家，能夠賺這麼多錢，並不是因為你多厲害，你如果是基督徒你應該知道，那是天父給你的恩典，如果你不是基督徒，你也要感謝老天爺，我偷偷告訴你一個秘密，其實老天爺就是天父。

這一次過年後的事件，讓我有十分深厚的感觸，就是我們不只要表面乾乾淨淨、漂漂亮亮，我們還要內在真實的改變。我在這本書的最後，再強調一次，你不一定要受洗，也不一定要成為基督徒，但是你可以有愛神、愛人的心。這一本《阿爸父為你設計的精品人生》是兆鴻老師在經歷了很多神蹟奇事之後，受聖靈感動所寫下來的一本書。

我要感謝新竹比佛利山莊 Amy 姐妹，因為 Amy 姊妹在兩年多以前就送給我一本很大本的《聖經》，後來我才知道，像這麼大本中英對照的《聖經》是很貴的，要好幾千塊。當時其實我也還沒信主，我只是慕道友，但她就送了我很大本的《聖經》，後來她又送了我很多屬靈方面很棒的禮物，包含她跟主約定要寫一千首詩為主來獻上。

我要感謝 Amy 姐，讓我在 KS 集團裡面，除了晴哥一直逼迫我去受洗之外（開個玩笑）還有董事長也讓我能夠在餐廳兩百人辦活動的時候，讓我上台，兩百人見證我受洗，感謝晴哥、感謝呂董事長、感謝 Amy 姐。這三位貴人、這三位天使是讓我受洗、讓我能夠讀神學院，甚至五年後可能成為牧師、成為傳道人，一

個很重要的轉捩點。

我更要感謝很多人，包含秀華姐、顧姐、安然哥、客家神學院溫院長、高雄的姚弟兄，姚宗翰姚弟兄。宗翰弟兄有一個非常大的事工，就是要在台灣屏東蓋一個跟《聖經》所講的 1：1 比例的挪亞方舟，這個挪亞方舟在美國已經蓋出來了，姚宗翰弟兄他這次參選立法委員，雖然沒有選上，但是《聖經》說作首不作尾，居上不居下，你要為主來擺上，為主來攻進七大山頭。

這七大山頭就是政治、經濟等等，七大領域，我們都要做，基督徒要作首不作尾，因為你必須成為一個領域、一個產業的佼佼者。你成為王，主再來臨的時候，主就是萬王之王，所以你要成為佼佼者，這是《聖經》裡面給我們的應許，我們不只要宣告，還要不停地禱告，常常喜樂、不住禱告、凡事謝恩。

除了以上感謝的這一些弟兄姊妹，我還要感謝非常多暫時還不是教會弟兄姊妹的好朋友們、好夥伴們，因為有你們，在 KS 集團，不管是雙B車的業務推廣方面，或者是餐廳的管理運作方面，我們都有非常好的成效。

我要感謝鑫紅林鐵板燒、さくら姐、陳姐，感謝 Andy 哥，還要感謝我們的美女店總 Karen，感謝鑫紅林鐵板燒的內場、外場團隊、師傅們，因為鑫紅林鐵板燒是全台灣第二老牌的鐵板燒。第一間是日本人開的鐵板燒，在四十多年前，這間鐵板燒現在叫紅林鐵板燒，這間鐵板燒比我還大一歲，我是 1976 年出生，這間鐵板燒是 1975 年就開幕了，我兆鴻老師何德何能，能夠有機會，三生有幸成為這家鐵板燒的店總，來為大家服務，在人不能，在神凡事都能，再一次驗證。

因為呂董事長的大愛、博愛，他想要搭建一個平台幫助這個

青年貧窮的世代，也就是青貧的世代。想想看，我們如果好好利用呂董事長花了十多億台幣所搭建起來的平台，可以幫助教會多少的弟兄姊妹打造他們的被動收入，我們可以幫助多少？就算他現在不是弟兄姊妹的親朋好友們，先幫他打造被動收入，當他有被動收入每個月幾萬塊之後，他是不是更心有餘力可以來聽福音、傳福音。

很多人在聽福音的時候，其實心裡在想說我的信用卡沒有錢可以繳、我的保險沒有錢可以繳、我的小孩的學費沒有錢可以繳、我的下一餐不曉得在哪裡、我下個月又要餓肚子了、我下個月的房租不知道在哪裡，人每一天都為了這些錢的事情在煩惱。《聖經》裡面說，一個人不能侍奉兩個主，不能侍奉神又侍奉瑪門，瑪門就是錢，如果你滿腦子只想到錢，你就很難侍奉神。因為你只想到錢錢錢、利益，基督徒，或者有基督徒精神的弟兄姊妹們，不只要積攢財富在地上，我們還要積攢財富在天上，不公不義的事情我們就不要做，我們要求天父的國。

我們最後按照主耶穌基督帶領祂的十二門徒的過程當中，教導十二門徒如何禱告的主禱文來結束我們這本書——《阿爸父為你設計的精品人生》。

親愛的天父

我們在天上的父

願人都尊祢的名為聖

願祢的國降臨

願祢的旨意行在地上如同行在天上

我們日用的飲食，今日賜給我們

免我們的債，如同我們免了人的債
不叫我們遇見試探，救我們脫離兇惡
因為國度、權柄、榮耀，全是祢的
直到永遠
AMEN、AMEN、AMEN
馬太福音第六章 10 — 13

　　本書到這邊暫時告一個段落，我希望看完這本書的你，不管你現在已經是教會的弟兄姊妹，或者你是第一次接觸到這樣子的福音，你希望變成有基督徒精神，甚至受洗成為基督徒的弟兄姊妹們，我非常渴望得到你的回饋、得到你的見證，讓我們來透過生命改變傳福音；讓我們來彼此相愛，愛不可愛的人；讓我們在今生得百倍，來世得永遠榮耀。

　　以上禱告，奉主耶穌基督的名求。

AMEN、AMEN、AMEN

附錄

感動見證＆詩歌分享

Touching testimonies,
poems and songs

❶黃國倫弟兄見證	❷李蒨蓉姊妹見證	❸洪漢義弟兄見證
❹ Jay Koopman 牧師講道	❺ BILL WILSON 牧師講道	❻當祢找到我 When You Found Me
❼唯有耶穌/OnlyJesus	❽聆聽聖靈的聲音 Listening to the Voice of the Holy Spirit — 1	❾聆聽聖靈的聲音 Listening to the Voice of the Holy Spirit — 2

跋

2020 武昌起疫

時間來到 2020 年四月，正式與出版社簽約，此時肺炎正在全球超過 150 個國家蔓延殺害數以萬計的性命。這是我在 2019 年底，跪下禱告有感動寫這本書時，完全沒有料到的！

深深讓我覺得，你若賺得全世界，失去生命有什麼意義?!《聖經》說：「若非耶和華所建造的城池，勞力全是枉然！實在是正確！」

來的早不如來的巧，如果你拿起正在閱讀的這本書，在 2020 年的下半年，剛好能夠給你一些心理安慰，讓你感到平安，這就是我莫大的幸福了！因為賺再多錢，心裡沒有平安，社會地位再高，心裡沒有平安，都是枉然！

各位弟兄姊妹們，現在就是你自己和你的親朋好友，一起開始你的精品人生的時候了！

願天父保佑你永遠平安喜樂
感謝您~感謝主~
GARY

真

Knowledge Feast Lecture
真理指引の知識服務

是真永

～王晴天與您講道理的人生大課

讀萬卷書，
不如行萬里路，
行萬里路，不如閱人無數，
閱人無數，不如名師指路，
名師指路，不如跟隨成功者的腳步，
跟隨成功者腳步，不如高人點悟！
經過歷史實踐和理論驗證的真知，
蘊藏著深奧的道理與大智慧。
晴天大師用三十年的體驗與感悟，
為你講道理、助你明智開悟！
為你的工作、生活、人生「導航」，
從而改變命運、實現夢想，
成就最好的自己！

台灣版《時間的朋友》～
「真永是真」知識饗宴
邀您一同**追求真理** ‧
分享智慧 ‧ 慧聚財富！

時間 ▶ **2020場次11/7（六）13:30~21:00**
　　 ▶ **2021場次11/6（六）13:30~21:00**
地點 ▶ 新店台北矽谷國際會議中心
（新北市新店區北新路三段223號 🚇 捷運大坪林站）

報名或了解更多、2022年日程請掃碼查詢
或撥打真人客服專線 (02) 8245-8318

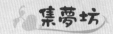

啟動幸福人生的密碼：
阿爸父為你設計的精品人生

出版者●集夢坊

作者●王兆鴻

印行者●全球華文聯合出版平台

總顧問●王寶玲

出版總監●歐綾纖

副總編輯●陳雅貞

責任編輯●林羿佩

文字編輯●楊惟文

美術設計●陳君鳳

內文排版●王芋崴

國家圖書館出版品預行編目（CIP）資料

啟動幸福人生的密碼：阿爸父為你設計的精品人生／王兆鴻 著

-- 新北市：集夢坊出版，采舍國際有限公司發行

2020.09　　面；　　公分

ISBN 978-986-99065-1-7（平裝）

1.基督教　2.自我實現

244.9　　　　　　　　　　　　109010323

商標聲明
本書部分圖片來自Freepik網站，其餘書中提及之產品、商標名稱、網站畫面與圖片，其權利均屬該公司或作者所有，本書僅做介紹參考用，絕無侵權之意，特此聲明。

台灣出版中心●新北市中和區中山路2段366巷10號10樓

電話●(02)2248-7896　　　　　傳真●(02)2248-7758

ISBN●978-986-99065-1-7　　　出版日期●2020年9月初版

郵撥帳號●50017206采舍國際有限公司（郵撥購買，請另付一成郵資）

全球華文國際市場總代理●采舍國際 www.silkbook.com

地址●新北市中和區中山路2段366巷10號3樓

電話●(02)8245-8786　　　　　傳真●(02)8245-8718

全系列書系永久陳列展示中心

新絲路書店●新北市中和區中山路2段366巷10號10樓　　　電話●(02)8245-9896

新絲路網路書店●www.silkbook.com　　　　華文網網路書店●www.book4u.com.tw

跨視界・雲閱讀 新絲路電子書城 全文免費下載 silkbook○com

本書係透過全球華文聯合出版平台（www.book4u.com.tw）印行，並委由采舍國際有限公司（www.silkbook.com）總經銷。採減碳印製流程，碳足跡追蹤，並使用優質中性紙（Acid & Alkali Free）通過綠色環保認證，最符環保要求。

華文自資出版平台
www.book4u.com.tw
mybook@mail.book4u.com.tw

全球最大的華文自費出書集團
專業客製化自助出版・發行通路全國最強！